JN079505

専門店で聞いた本当においしい食べ方

goodie foodie 編集部

彩図社

はじめに

ほんの少しの知識と工夫でいつもの食事は、
もっとおいしく、もっとたのしくなる。

このことに気づいたのは、本書にも載っている手羽先唐揚げ専門店「世界の山ちゃん」で食事をしていたときでした。
箸袋に描かれたかわいい「食べ方」イラストのガイドに従い、手羽先の小骨を抜くと気持ちいいほどキレイに食べられるではないですか。

そこから「おいしい食べ方」を聞くフィールドワークが始まりました。
海鮮丼、ひつまぶし、もんじゃ焼き、じゃじゃ麺、皿うどん、
魚介満載のパエリア、プレートにのった巨大ハンバーガー……。
「これ、どうやって食べたらいいですかね？」
「料理の内容ではなく、食べ方を教えてほしいんです」
そんな不思議な取材の記録をまとめたのが、本書のベースとなった
「goodiefoodie（グッディーフーディー）」というWebメディアです。

専門店の店長やオーナーに「食べ方」について聞くと決まり文句は、
「いや〜お客様の好きなように食べていただければいいですよ」
わかります……それはそう答えるしかないでしょう。
ここで諦めてはいけません。粘り強く話を聞くと
「いや実はね……」「本当のことを言うと……」と
普段は語られない「食」のこだわりがあふれ出すのです。

本書では、専門店で聞いた「おいしい食べ方」を中心に、
食事のマナーや基本ルール、一流店でのふるまいなども解説しています。
五感で「食」をたのしむには、ほんの少しの訓練が必要です。
それは、プロの料理人と向き合う「作法」ともいえるでしょう。

不思議なもので「食べ方」を意識するといつものメニューが、
もっとおいしく、もっとたのしく感じられるようになります。
その感動をぜひ皆さんと共有できればと思います。

goodie foodie　編集長　丸茂アンテナ

専門店で聞いた　本当においしい食べ方

menu

COURSE 1 日本料理の食べ方

SPECIAL CONTENTS

達人の食べ方

COURSE 2 西洋料理の食べ方

COURSE 3 エスニック料理の食べ方

COURSE 4 スイーツの食べ方

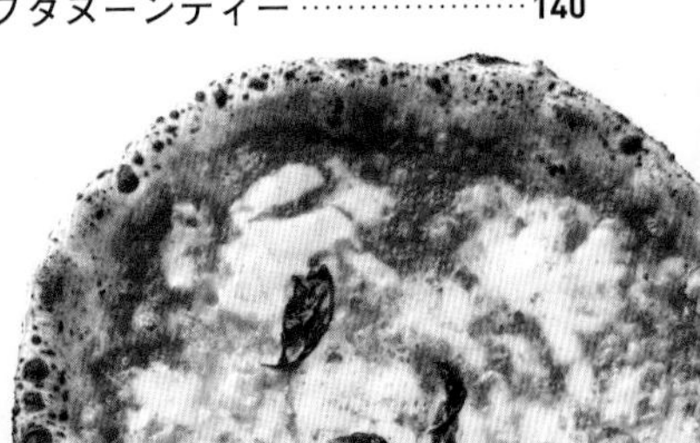

少しの知識とちょっとの工夫で、
いつもの食事をもっとおいしく、もっとたのしく！

本書に掲載していない食べ方も紹介。随時更新中！

「宇都宮みんみん」の焼餃子・水餃子の極意 
宇都宮餃子®

大阪発祥「ぼてぢゅう」の「とん玉」は格子切り 
お好み焼き

多言語展開！
日本語・英語・中国語・韓国語

切り株部分のカットはどうする？ 
ブッシュドノエル

「COEDO」に教わるペアリング術 
クラフトビール

「孫二娘潮汕牛肉火鍋」で中国式牛肉しゃぶしゃぶ 
ガチ中華

きりたんぽは最後に投入＆1分半で食べ頃！ 
きりたんぽ鍋

キッチンバサミで8等分にカット！ 
ロティサリーチキン

完熟の見分け方からお手軽アレンジまで！ 
イチゴ

goodie foodie JAPAN

おいしい・たのしい
知的食体験メディア

https://goodie-foodie.com

日本料理の食べ方

COURSE 1

01

お酒をあてにつまみから握りへ

カウンター寿司

日本料理の食べ方

カウンタースタイルの高級寿司店に入るのは、誰だって緊張しますよね。会社の接待などで突然連れていかれて、冷や汗をかいた経験はありませんか？　東京・勝どきに店舗を構える「鮨くらみ」でカウンター寿司の作法を教わりましょう。

1　まずはつまみから

カウンター寿司の席に誘われたら、身だしなみをチェック。正装は大げさですが、短パン＆Tシャツのようなラフすぎるスタイルは避けましょう。過度な香水やタバコの臭いがする状態も、隣のお客さんに迷惑です。

カウンター寿司におけるツウの定番は、ビールとおつまみからスタートさせること。寿司店には、握りだけでなく、おつまみも豊富にあります。まずは、刺身の盛り合わせと当日のおすすめ小皿料理を注文してみましょう。

お供はもちろんビールで！　取材時のおつまみは、ガリトマトと白イカと九条ネギの酢味噌和え。刺身の盛り合わせは、人数や予算を伝えると職人さんが「おまかせ」でつくってくれます。好物や苦手なものがあれば、あらかじめ伝えておきましょう。ここで「おすすめはどれ？」を聞くのは野暮です。職人さんは、「客にすすめられないものは出さないよ！」と返してくるでしょう。アレルギーなどがなければ、「おまかせ」にするのがスマートです。

Point!

刺身を食べる際は、ワサビを切り身側にのせて、醤油をつけるのが基本です。醤油にワサビを溶いてしまうと、ショウガなどに合わせるネタを楽しめなくなるので要注意。

2　焼き物から揚げ物へ

続いて、おつまみのセカンドステージへ。さっぱり系のおつまみの次は、焼き物→揚げ物と進んでいきましょう。このあたりは、会席料理のコースと同じですね。

寿司といえば、日本酒です！　当日のおつまみに合わせて、おすすめの日本酒を聞くのは、大歓迎だそうです。旬の食材に合わせた一献をおすすめしてもらいましょう。ちなみに、焼き物→揚げ物という流れは絶対ではないので、自由に頼んでOKです。

天ぷらや揚げ物についてくる塩は、小皿から指で取って、パラパラとかけるのがスマート。このほうが、塩味の調整も自在です。

3 仕上げに握りを注文

焼き物、揚げ物を楽しみ、日本酒の酔いも回ってきたら、握りの時間です。アラカルトもしくは、セットで握りを頼みましょう。カウンタースタイルの寿司店では、カウンターの一段高くなったところに、別の皿や「下駄」と呼ばれる板を置いて、その上に握りたての寿司を並べてくれます。

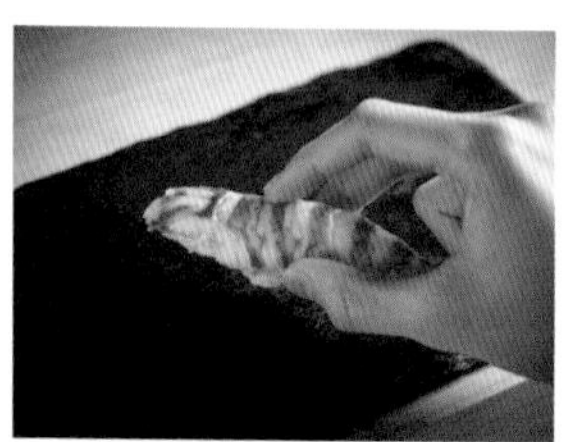

親指、人差し指、中指の3本を使って、ひと口で食べましょう。職人さんは口の中に広がるハーモニーを計算して握っています。半分に噛み切るとボロボロになるので、避けましょう。

箸で食べるのもマナー違反ではありません。ネタと並行になるように真横から箸で挟むと寿司が崩れにくいでしょう。カウンタースタイルの高級店では、味がついた状態で寿司が出てきます。

うっかりやりがちなのが、カウンターの上のお皿や下駄を下ろしてしまうこと。マナー違反なので、一段上がった位置に置いたまま、寿司をいただくようにしましょう。

寿 司 店 の マ

- カウンタースタイルの高級寿司店は、予約していくのがスタンダード。時間や人数はもちろん、アレルギーの有無も伝えましょう。
- 高級寿司店と聞いて、金額に身構えてしまう人も多いでしょう。心配な場合は予約時に予算を伝え、「おまかせ」にするのがスマートです。
- 細かい手仕事が施された握りには、醤油をベタベタとつけないようにしましょう。美しい形を保ったまま、そのままいただくのが基本です。

4 主な寿司ネタ

カウンター寿司に行ったら外せない主要な寿司ネタをおさらいしていきましょう。

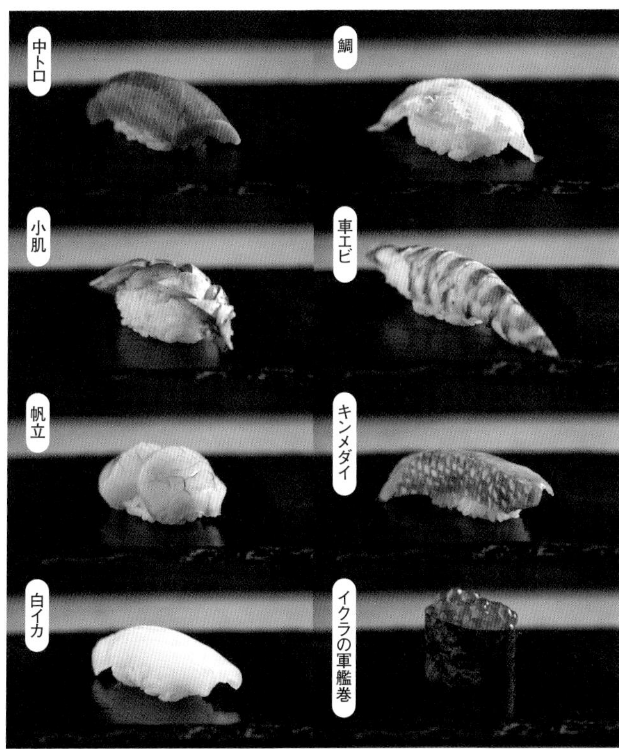

中トロ｜脂がのった、マグロの背もしくは下腹の部分です。

鯛｜定番の白身魚です。産地によって、食感や風味が異なるのがおもしろいところ。コブ〆などでいただきます。

小肌｜コハダ。コノシロという魚の子どもです。この幼魚がシンコ。いずれも酢〆でいただきます。

車エビ｜体長15cmほどの縞模様のエビ。ボイルした後、細かい手仕事が施された逸品です。

帆立｜ホタテ。主に北海道などで養殖されている二枚貝。肉厚で甘みのある身が特徴です。

キンメダイ｜金色に光る大きな目が特徴の深海魚。年間を通して、よく脂がのっています。

白イカ｜ケンサキイカのこと。中国地方の日本海側でこう呼ばれています。塩と柑橘系を搾って食べると甘みが際立って絶品!

イクラの軍艦巻｜言わずとしれた鮭の卵。何もつけず、そのままいただきます!

握りに限らず、料理を提供してもらう際、職人さんが産地や調理法、食べ方について教えてくれます。友達やパートナーとの会話に集中しすぎず、しっかり説明に耳を傾けましょう。職人さんとの会話こそ、カウンター寿司の醍醐味です!

5 〆はお茶で

おなかいっぱいになったら、最後は味噌汁とお茶で〆。お茶が本当に合うんです!

- カウンターでは、プライベートのおしゃべりはトーンを控えめに。常連さんに話しかけられたら、会話に参加してもOKです。
- 高級寿司店は木製カウンターだってこだわりが強いもの。傷つけないよう、大きな腕時計は外すなど配慮を忘れてはいけません。
- 「おあいそ（お会計）」「あがり（お茶）」「むらさき（醤油）」など専門用語を使う必要はなく、自然な一般用語を使いましょう。

日本料理の食べ方

海鮮丼

ネタを醤油につけて食べるのがスマート！

02

築地をはじめ、市場や漁港で食べずにはいられない海鮮丼。普段は醤油やワサビを直接丼にかけて食べているけど、そもそも海鮮丼の食べ方ってちゃんと意識したことがなかったような……。専門店「築地虎杖 うに虎」で聞いてみると、海鮮丼をよりおいしく楽しめる方法がありました！

1 ネタを醤油につける

食べたいネタを選んだら、丼からつまんで醤油をつけます。そして、ネタを元の位置へ戻し、ごはんと一緒に食べましょう。こうすると醤油の量が適量になり、ネタの味をダイレクトに感じることができます。

2 ワサビはネタにのせる

同様にワサビの風味を損ないたくなければ、ネタに直接のせてから醤油をつけるのがおすすめ。食べるときはこんなふうに、箸で小さな寿司をつくるイメージで！

3 海苔も一緒に味わう

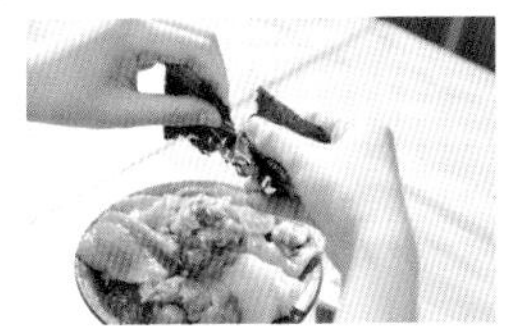

もし海苔が運ばれてきたら、ごはんとネタを一緒に巻いて食べると雰囲気が変わります。海苔を満遍なくパラパラと散らすのもいいですね。

4 自由自在にやってみる

ネタに合わせて調味料を変えるのも楽しみ方のひとつ。ウニに合うのは塩なんだそうです！ 塩味のおかげでウニのまろやかさが際立ち、格調高い味に仕上がります。混ぜて食べたい衝動に駆られたときは、小皿に分けて箸で軽く和えてみるといいでしょう。それからごはんにのせれば、スマートに食べることができます。

5 ワサビ醤油をかけても OK

もちろんワサビ醤油をかけて豪快に食べるのもNGではありません。そこはお好みで！

そば（天せいろ）

薬味をつゆに入れないのが作法！

手打ちそばの食べ方を試されるのが、天ぷらともりそばが一緒に出てくる「天せいろ」。そばつゆにワサビを溶いても、大根おろしを溶いてもそば本来の味に影響が出ます。さあどうする? 意外と知らない天せいろの作法を手打ちそば専門店で聞いてきました。

1 そば本来の味を堪能する

まずは何もつけないそばをそのまま食べるのがツウの作法。そば粉の香りや麺の弾力、素朴だけれど奥深いそば本来の味を感じることができます。

2 つゆは味見が大切

次はつゆの味をひと口確かめます。塩気のある辛い味なのか、それとも甘い味なのか、それによってそばをつゆにどれくらいつけるかが決まります。辛い味ならつゆにつけるのは先のほうだけで十分。その後は豪快にすすりましょう。このとき音を立ててもOKです。

3 薬味をそばにのせる

そばをある程度食べ進めたら、薬味を使って味にアクセントを加えましょう。このとき注意するのは薬味をつゆに入れないこと。同じつゆで天ぷらも食べることを忘れてはいけません！「天せいろ」の場合、薬味はそばにのせて食べるのが正解です。

4 大根おろしは天ぷらの上に

薬味と同様、天ぷらと一緒に食べる大根おろしもつゆに入れないよう注意しましょう。適量を天ぷらにのせてから、つゆをつけていただきます。こうすれば、そば本来の風味を最後まで堪能できます。これであなたも「天せいろ」マスター！

5 〆はそば湯で

手打ちそばの〆といえばそば湯。余ったつゆにそば湯を注ぎます。そば湯とつゆは、3対1くらいのバランス。そば湯にワサビを溶かしてもOK。ツンとした香りが鼻から抜けて、そば湯の味が締まります。天かすや七味を入れる人もいるようです。

焼き味噌から出汁巻き、天ぷらへ！

04 蕎麦前

日本料理の食べ方

行きつけのそば店でおつまみを並べて冷酒で一献……なんてできたらかっこいいですよね！ そば店で日本酒をたしなむ粋な文化、それが蕎麦前(そばまえ)です。いつものそば店が特別な場所になる蕎麦前の作法を手打ちそば専門店で取材してきました！

1 さっぱりから濃いものが基本

そばが運ばれてくる前に、日本酒とともに定番のおつまみを楽しむのが蕎麦前の作法。基本の料理は焼き味噌、出汁巻き玉子、鴨焼きなど、そばに使う具材を使ったもの。さっぱりした料理から味の濃い料理へと食べ進めるのが基本です。合わせて飲む日本酒は純米酒がおすすめ！

2 まずは焼き味噌から

西京味噌、蕎麦の実、ネギ、ミョウガを合わせた「焼き味噌」は、そば店の色が一番出ると言われるおつまみ。塩気が利いているので、豆粒ほどの量を日本酒と一緒にちょっとずつ味わいます。

3 出汁巻きから鴨焼きへ

そば店の定番といえば出汁巻き玉子。その店のつゆの味が試される一品と言われています。大根おろしに醤油を適量かけ、玉子焼きにのせて食べましょう。

お次は鴨焼き。日本酒ともよく合います。鴨焼きは、柚子胡椒で風味を変えてもいいですね。さっぱりとさせたいときはレモンを搾るのもおすすめ。

4 おつまみのラストは天ぷらで

蕎麦前のアンカーといえば天ぷら。シンプルに塩でうま味を味わってもよし、天つゆであっさりと味わってもよし。自分好みの食べ方で楽しみましょう。

5 もりそばで〆る!

最後は主役のそば。もりそばをささっと楽しみ、そば湯までしっかり堪能しましょう。ちなみに、海苔がのっているのが「ざるそば」、のっていないのが「もりそば」なのだとか(諸説あり)。そばの出汁が利いたおつまみを楽しむ蕎麦前。ぜひお試しを!

黙して揚げたてを食すのが醍醐味！

カウンター天ぷら

日本料理の食べ方

05

カウンターの天ぷら専門店といえば、板前さんが目の前で一品ずつ揚げてくれる高級店。思わず気後れしてしまう人も多いのでは？　しかし、「目の前で揚げる」形式こそ天ぷらという料理の肝。そのおいしさを存分に楽しむコツを老舗「天ぷら新宿つな八」で教わりましょう。

1　揚げたてをいただく

「天ぷら新宿つな八」では「一に油、二に食材、三に職人の腕」と言い、天ぷらは良質な油、新鮮さや産地にこだわった食材、料理人の技術が試される料理。カウンター席では、食材が一番おいしく揚がるタイミングを見極めて提供してくれるので、揚げたてをすぐにいただくのが作法です。

2　料理人と会話を楽しむ

カウンター席に座ったら、「この食材はどこで獲れたものですか？」「どんな食べ方がおすすめですか？」など料理人に聞いてみましょう。「旬の魚・野菜は何ですか？」と聞いて季節性を楽しむのがツウです。話が弾めば、料理人が旬の一品を揚げてくれるかも。

3 淡白なものからしっかりしたものへ

エビ｜トップバッターの定番。頭から尻尾まで、丸ごといただけます。

イカ｜こちらも王道の逸品。淡白かつ甘みを感じるネタです。

キス｜メゴチや小鮎など白身魚は淡白な味のため最初のほうに。

丸ナス｜夏野菜の代表格。夏はグリーンアスパラ、ミョウガなどもおすすめ。春先はフキノトウ、タラの芽などの山菜類、秋は松茸などのキノコ類、冬は芋類、レンコンが定番です。

アナゴ｜ボリュームのあるアナゴは最後のほうにいただきましょう。

エビのかき揚げ｜〆はこちら。つな八のコースではミニ天丼スタイルも選べます。

天ぷらの素材は、味の淡白なものから、次第に味のしっかりしたものへ進むのが王道です。

4 塩、天つゆ、レモンの作法

カウンター席には天皿のほか、塩皿、天つゆ、おろし、梅おろし、通常の塩、わさび塩などが用意されています。淡白なエビは塩で。キスなど白身魚は「梅おろし」でアクセントを。野菜類は大根おろしと一緒に天つゆにつけていただきましょう。

5 白ワインを合わせてみる

天ぷらはお酒と合わせていただくのも楽しみのひとつ。定番の日本酒のほか、ビール、焼酎、ワインなどから選べます。辛口の白ワインは、天ぷらでオイリーになった口をリセットしてくれるのでおすすめなのだとか。

日本料理の食べ方 06

とんかつ

すり胡麻ソースのすり鉢はどうする？

とんかつの食べ方で悩むのが、すり胡麻ソースを一緒に楽しむスタイルのお店のとき。胡麻はいつする？　すり鉢はどうする？　ソースは？　すり胡麻ソース発祥の店としておなじみの「とんかつ新宿さぼてん」の協力のもと、おすすめの食べ方をご紹介します。

1　すり胡麻ソースをつくる

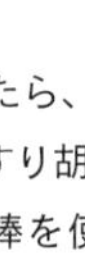

とんかつを注文したら、運ばれてくるまでの間に、すり胡麻ソースをつくります。すり棒を使って、白胡麻をやさしくすりましょう。風味と食感を楽しむために、白胡麻は7割ほどすれたらOKです。

2　とんかつの前にキャベツ

すり胡麻ソースをつくり終えたら、千切りキャベツをいただきましょう。とんかつよりもキャベツを先に食べることで、食物繊維が脂の吸収を抑えてくれるのだとか。食べる分だけ小皿に取り分けましょう。

3 最初はそのままで

とんかつが運ばれてきたら、まずは衣をじっくり観察しましょう。剣のように立った黄金色の衣を「剣立(けんだ)ち」といいます。これがよい揚げ上がりの証です。
十分に観察したら、まずは何もつけずにそのままで。豚肉の素材本来の味とまろやかな脂の甘み、サクッとした衣の食感をダイレクトに感じることができます。脂の多い端の部位よりも中央から食べ進めるのがおすすめです。

4 多彩な味を楽しむ

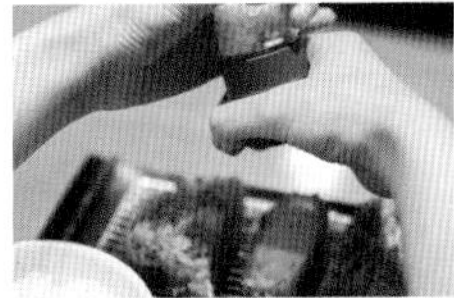

とんかつそのものの味を堪能したら、今度はさまざまな味を楽しみましょう。最近は岩塩などが置いてある店も増えています。添えられたレモンを搾り、岩塩をかければ、コクのある豚肉のうま味がさっぱりと味わえます。
そして、真打ちのすり胡麻ソースの登場です。とんかつにかけるのではなく、すり鉢側のソースにとんかつをくぐらせていただきます。

大根おろしに小ネギを散らしたおろしポン酢もおすすめです。さっぱりとした味わいが楽しめます。

5 ごはんも一緒に

すり胡麻ソースをかけたとんかつをごはんと一緒に食べるのも外せません。とんかつの脂が絡んだソースがごはんによく合います。御膳についてくる味噌汁や千切りキャベツなどとゆっくり食べ進めましょう。

07

達人は背中から開いて大根おろしをサンド！

サンマの塩焼き

日本料理の食べ方

秋の味覚の代表格といえば、サンマ！ 塩焼きが定番ですが、きれいに食べるのが苦手で、人前で食べるのを躊躇する人も多いのだとか。「サンマの達人」として知られる居酒屋「駒八」の料理長さんに究極の食べ方を聞いてきました！

1 背から箸を入れ開きにする

サンマの腹びれの真下あたりに箸を入れ、身の部分とカシラを切り離します。次に背の部分に1本だけ箸を入れ、背びれに沿って開いていきましょう。3枚おろしのような感覚で、2〜3cmの深さまで箸を入れ、背骨に沿って引いていきます。

尻尾のところまできれいに箸が入ったら、仕上げにカシラとつながっていた部分の肉を箸で切り離しましょう。手前に開いたら、見事なサンマの開きのでき上がり！

2 背骨とカシラを外す

次は背骨の処理です。写真のようにカシラのほうから背骨の下に1本だけ箸を入れ、尾びれ側に引いていきます。背骨と身がきれいにはがれたら、尻尾とカシラの部分を切り離します。

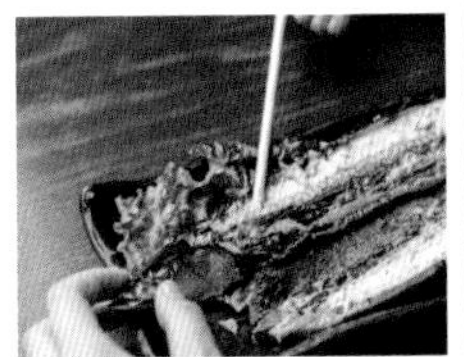

3 大根おろしをのせる

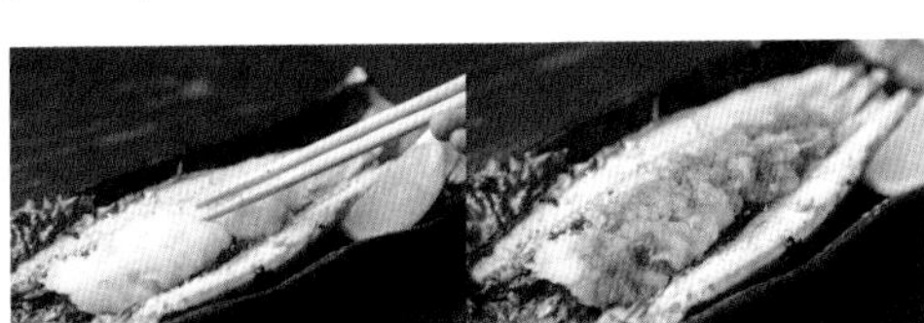

開いた身に大根おろしをたっぷりのせていきます。こうすることで肝の苦味や臭みがマイルドになるでしょう。その上にお好みで醤油をかけます。たっぷりめにかけて大丈夫です。

4 開きを閉じてレモンを搾る

大根おろしに醤油をかけたら、開いたサンマの身を閉じます。身が崩れないように慎重にいきましょう。仕上げにレモンを搾ります。

5 輪切りでいただきます!

サンマの脂、大根おろし、レモン汁の三位一体の味を輪切りにしていただきます。背骨が抜いてあるので、箸を使って切り分けます。ひと口で思い切り頬張っちゃいましょう!

08

ズワイガニ

脚より胴の部分に身がたくさんある!

日本料理の食べ方

特別な日の食卓で、主役を飾る定番メニューといえばカニ料理。甲羅や脚の殻の中身をどうやって食べればいい? と疑問に思う人も少なくないはず。海鮮グルメ専門のオンラインショップ「最北の海鮮市場」で、きれいに食べきる方法を教えてもらいました!

1 甲羅と脚を切り離す

ここではキッチンバサミを使って解体する方法を紹介します。まず、ズワイガニの甲羅と脚を切り離しましょう。脚の付け根のやわらかい部分にハサミを入れると簡単に切れます。

2 甲羅のふんどしを外す

甲羅の内側の三角形になっているところが、ふんどし（前かけ）と呼ばれる部分。ここに指をかけて、外しましょう。氷が張り付いている場合は、ハサミで叩いて取り除いてください。

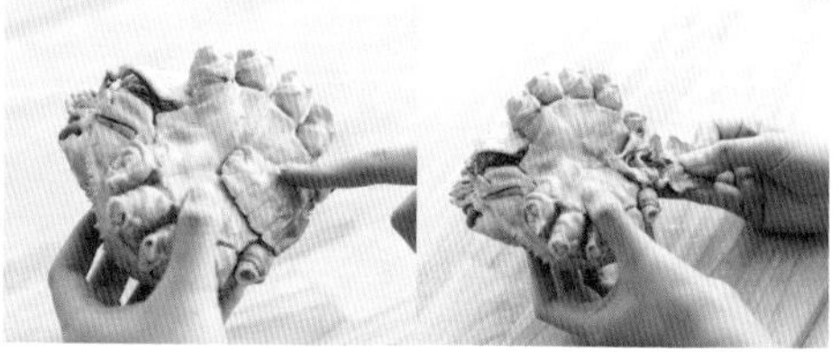

3 甲羅を外す

次は甲羅です。ふんどしを外したところにできた穴に親指をかけます。甲羅の裏面を左手でホールドし、右手で表面をはがす要領で。カニミソが流れ出てしまわないように要注意！

4 カニミソを取り出す

Point!

ガニを取り除く

胴の左右にある「ガニ」と呼ばれる部位は、食べられないので取り除きましょう。

胴の部分に残っているカニミソは、スプーンを使って甲羅に移していきましょう。甲羅の内側に白っぽい薄皮が付着していることもありますが、これも食べられます。甲羅に溜まったカニミソをどうするかは、お楽しみに！

5 胴の部分をふたつに切り分ける

カニミソを甲羅に移したら、ちょうど真ん中で半分になるように、胴の部分をハサミでふたつに切り分けましょう。ここは包丁を使ったほうがスムーズかもしれません。

6 胴の身をかき出す

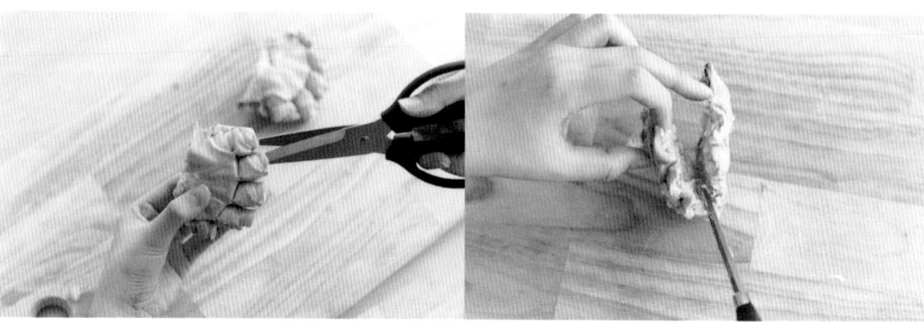

半分にした胴を左手でホールドし、脚のつけ根側から縦にハサミを入れ、さらに半分に切り分けます。

開いてみるとこの通り、身がギッシリ!　あとは、カニスプーンを使って別皿に身を移していくだけ! こうすると胴の部分の身が簡単にかき出せます。カニスプーンは、100円ショップで買えます。なければ、箸やスプーンの柄を使ってもOKです。

7 脚は関節で切り分ける

甲羅と胴の部分を攻略したら、次は脚とツメです。まずは脚の関節部分にハサミを入れ、つけ根の太い部位と先端の細い部位のふたつに切り分けます。殻の硬い部分に当たってしまった場合は、無理に切ろうとせずにやわらかい関節の部分を探して切り分けるのがポイントです。

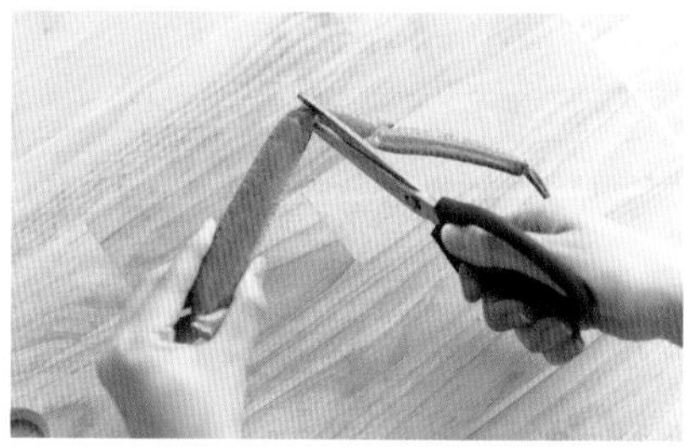

8 脚の裏側にハサミを入れる

脚のつけ根から先に向かって、上と下の2か所にハサミを入れていきます。このとき、脚の裏側の白い面のほうが表側の赤い面に比べてやわらかく、トゲも少ないので、切りやすいです。扱いに慣れている人は、包丁を使ったほうがきれいに殻を削ぐことができます。うまくできたらこの通り!

9 脚の身をかき出す

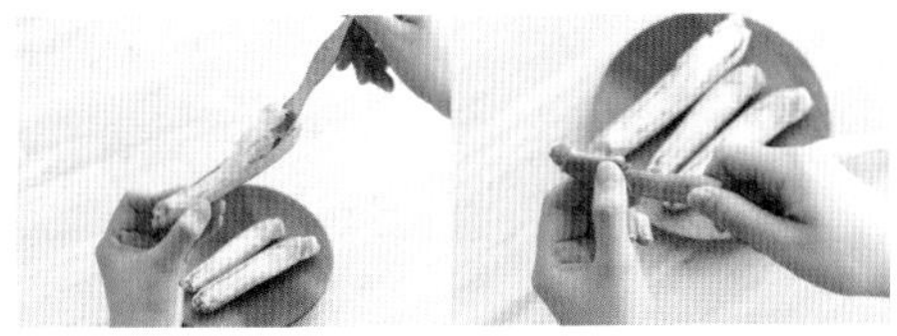

うまくハサミが入ったら、カニスプーンや箸を使って身をかき出しましょう。脚の先端部分は、折った関節の細いほうで、太いほうの身を押し出すとうまく取れます。もちろん殻をハサミで切ってもOK。

10 ツメもしっかり食べる

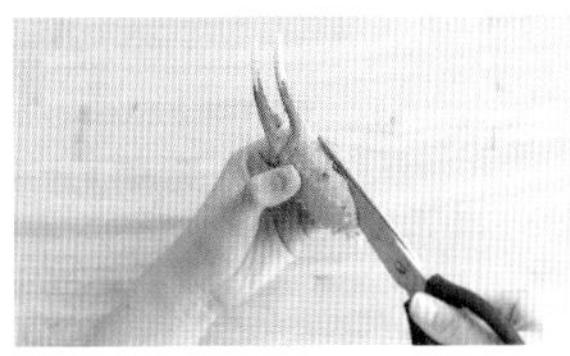

カニのハサミにあたるツメの部分も他の脚と同じ要領で開くことができます。殻が硬いので、ハサミや包丁の扱いには要注意。身はそのままでも美味ですが、お好みでお酢や醤油をつけたり、カニミソに和えたりして食べても絶品です!

09

リンガーハットの長崎ちゃんぽん

ドレッシングで味変して水餃子で〆!

日本料理の食べ方

長崎のご当地麺といえば「長崎ちゃんぽん」。野菜がたくさん摂れてヘルシーだと最近は女性にも人気です。そんな長崎ちゃんぽん、アレンジなしでそのまま食べていませんか？　長崎ちゃんぽん専門店「リンガーハット」へ行って、もっとおいしく食べる方法を聞いてきました!

1 まずはそのままの味を堪能

豚肉・魚介類のほかにたっぷりと野菜が盛られた、具だくさんの長崎ちゃんぽん。今回注文したのは、「野菜たっぷりちゃんぽん」。国産野菜をたっぷり使った、ヘルシーで女性にも大人気のメニューです。

運ばれてきたら、まずは何も加えずそのままの味を堪能しましょう。まろやかな鶏ガラ＆豚骨ベースのスープに野菜のシャキシャキ食感が合わさって、いくらでも食べられそうです……が、ドラマはここからです。

2 ドレッシングでサラダ風に

長崎ちゃんぽんを頼むと一緒に提供されるのが「ちゃんぽんドレッシング」のゆず胡椒風味と、しょうが風味。食べるときはレンゲにひと口分をよそい、適量のドレッシングをかけます。温かいサラダ感覚で食べられ、楽しみ方が広がるでしょう。

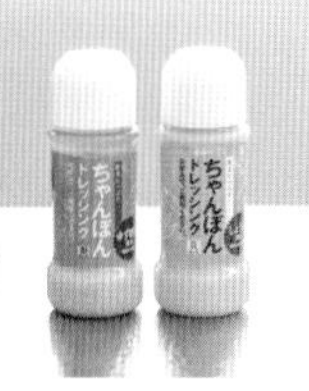

3 塩たれにチャレンジ

一歩踏み込んだ味変を楽しみたい人は、「特製うまみ塩たれ」を。卓上には置いていない知られざる調味料です。店員さんにひと声かけると持ってきてくれます（設置は店舗による）。かけるときはスープ全体に回しかけましょう。

4 最後はスープぎょうざに

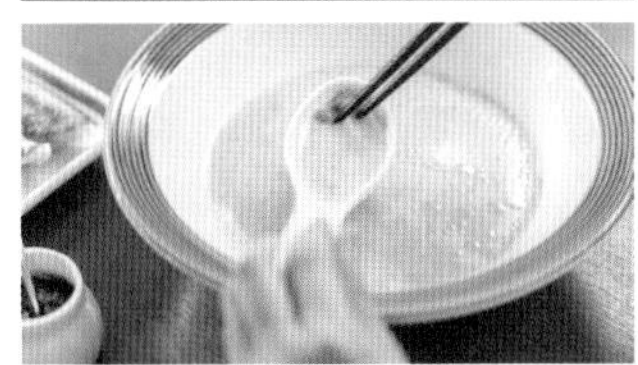

〆はリンガーハットの定番メニュー「薄皮ぎょうざ」を使った裏技的アレンジ。麺を完食したら、薄皮ぎょうざに付いてくる薬味「柚子胡椒」をスープに溶かし入れます。少量ずつレンゲで溶かしていくと味の濃さを調整しやすいです。スープが完成したら、そこへぎょうざを投入！　背徳の味をいただきます！

10

リンガーハットの皿うどん

マニア直伝の酢ソースが決め手！

日本料理の食べ方

皿うどんもまた、忘れてはいけない長崎ご当地グルメ。そのパリパリ食感の揚げ麺に野菜たっぷりのあんのコンビで満足している人も多いのでは？　実は卓上調味料を使って味を完成させる食べ方が潜んでいたのです。「リンガーハット」でツウな食べ方を聞いてきました！

1　揚げ麺を2等分する

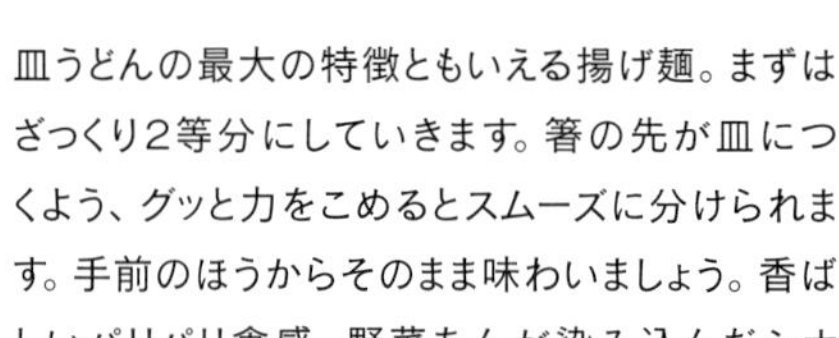

皿うどんの最大の特徴ともいえる揚げ麺。まずはざっくり2等分にしていきます。箸の先が皿につくよう、グッと力をこめるとスムーズに分けられます。手前のほうからそのまま味わいましょう。香ばしいパリパリ食感、野菜あんが染み込んだシナシナ食感など、さまざまな風味を楽しめるのが揚げ麺のいいところ。野菜あんがかかっていない部分を少しだけ残しておいて、パリパリを最後のお楽しみにする人もいるのだとか。

2　酢&ソースで味を調える

卓上の調味料をチェック。左から皿うどんのソース（ウスターソース）、酢、塩胡椒、和がらしです。まずは、先ほど2等分した皿うどんの左サイドにお酢を投入。少し食べ進んだら、次に右サイドにソースを投入しましょう。本場の長崎県では、ウスターソースをかけることで初めて皿うどんの味が完成するといわれているとか。食べてみると確かに、味に深みが出ます。

3　マニア直伝「酢ソース」にトライ！

マニア直伝の食べ方が「酢ソース」。2等分の左サイドの酢ゾーンにウスターソースを追いがけします。ウスターソースのコクと酢の酸味がベストマッチ。これ思いついた人、天才です。卓上調味料で、もうひとつ気になったのが「和がらし」。パッケージを開けたら、皿うどんに直接つけず、皿のフチにつけます。そして、箸で和がらしを適量取り、野菜あんと絡めましょう。

4　知る人ぞ知る太麺も

実は皿うどんにはもう1種類、太麺バージョンが存在します。本場の長崎県では、地域によって細麺と太麺の派閥があるのだとか。細麺と同様に、こちらも酢＆ソースをかけていただきましょう。太麺とも相性バッチリです。

博多ラーメン

麺は「ばりかた」を選んで替え玉も！

福岡名物でおなじみ、博多ラーメンの麺の硬さや替え玉の頼み方をご存じですか？　知っておくことで、コクのある豚骨スープとストレートな細麺をいっそうおいしく味わえるはず。熱狂的なファンの多い「長浜や」で教わった、博多ラーメンのツウな食べ方を見ていきましょう。

1　食券を買い、麺の硬さを選ぶ

「長浜や」では、「こなおとし」から「やわらかめ」まで、細やかな時間設定の6種類を選ぶことができます。「はりがね」「ばりかた」あたりがツウには人気のようです。「博多ラーメンは麺が硬ければ硬いほどいい」なんて説も!?

2　ひと口目はスープを堪能

ラーメンを提供されたら、まずはスープをひと口いただきましょう。コッテリとした豚骨スープに食欲が掻き立てられること間違いなし。続けて何もつけない状態で麺をいただきます。せっかくの麺がやわらかくならないうちに！

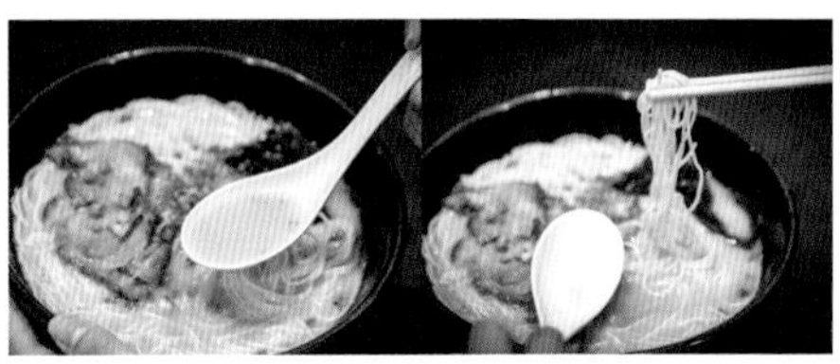

3 紅しょうがで赤く染める

本場福岡県では、博多ラーメンに紅しょうがを合わせて食べるのが大定番。さっぱりとした紅しょうがを投入することで、こってりとしたスープのバランスを整えるためだそう。白濁したスープが真っ赤に染まるまで紅しょうがを合わせる常連さんもめずらしくないそうです。スープの味の変化を恐れることなく、卓上の紅しょうがを少しずつ足していきましょう。いつか自分だけの黄金比が見つかるかも!? もちろん、紅しょうがを加えなくてもマナー違反ではありません。

4 辛子高菜＋αでさらに味変！

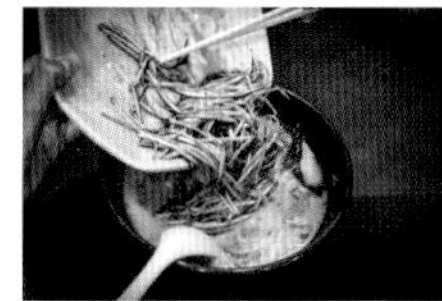

紅しょうがに続く味変の定番が、豚骨と相性抜群の辛子高菜です。ピリッとした辛味のある高菜は、アクセントがほしいときにぴったり。トッピングを加えるたびにスープの色が変わっていくのも博多ラーメンの醍醐味！
店員さんおすすめのトッピングが「千切りネギ」です。ラーメンの上へ豪快にのせて、麺と一緒にすすっちゃいましょう！ ネギのシャキシャキ感がプラスされ、細麺とのハーモニーが絶妙です。

千切りネギは、ラー油などの出汁が入っているため、入れるとさらに味が濃くなります。

5 替え玉は何回でも！

博多ラーメンに替え玉文化が生まれたのは、水分をできるだけ飛ばして麺を硬くしているため、麺の量が少なくなりがちだからといわれています。「長浜や」では食券を渡しても、席で現金を払ってもOK。替麺の硬さを変え、自分好みの設定を見つけてみましょう。

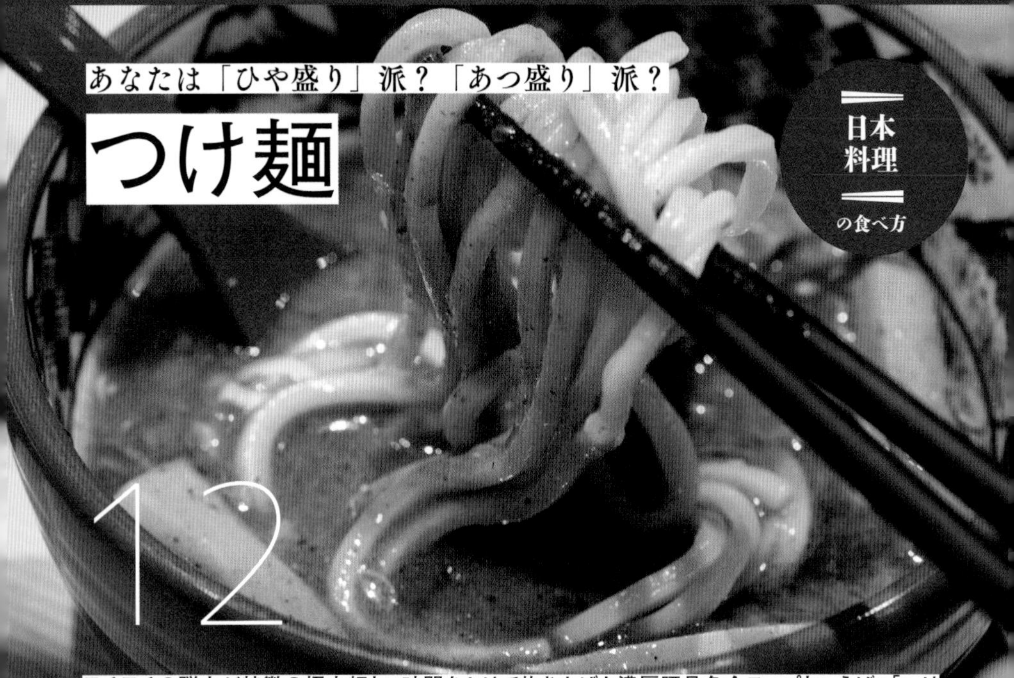

あなたは「ひや盛り」派？「あつ盛り」派？

つけ麺

日本料理の食べ方

12

モチモチの弾力が特徴の極太麺と、時間をかけて炊き上げた濃厚豚骨魚介スープといえば、「つけ麺専門店 三田製麺所」。スープの種類、麺の量や温かさなど、豊富な選択肢に迷うことはありませんか？　スマートな注文方法を覚えれば、スープの最後の一滴までおいしくいただけるでしょう。

1 スープの種類、麺の盛り方を選ぶ

スープの種類、麺の量、「ひや盛り・あつ盛り」、トッピング・サイドメニューの順に選びましょう。「ひや盛り・あつ盛り」は麺の温かさのこと。前者は極太麺を冷水にさらして〆た定番、後者は〆た麺を温め直したものです。

2 スープに魚粉を溶かす

つけ麺が到着したら、まずはスープに注目！海苔にのっているのが魚粉です。この魚粉を溶かすように、スープ全体を数回混ぜましょう。豚骨魚介スープの濃度が増して、麺といっそう絡み合うようになるはずです。

3 麺にスープをつけ、すする

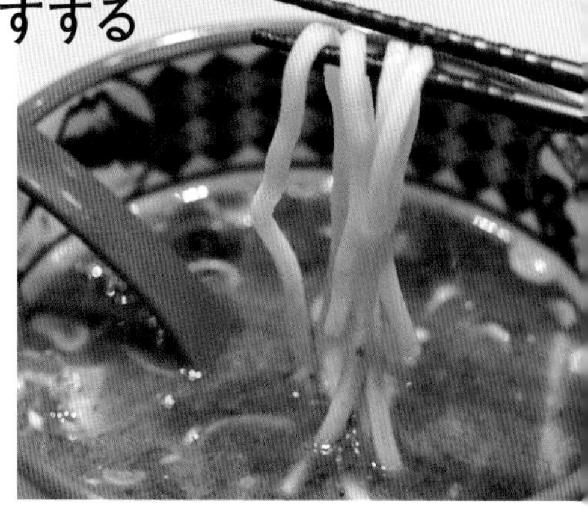

ひと口ですすれる量の麺をつかんだら、ゆっくりスープにつけましょう。たっぷり浸すと麺とスープがよく絡まります。麺が持つ小麦の風味を感じたい方は、スープにつけない部分を少し残しておくのもいいでしょう。ひと口すすると、濃厚な豚骨魚粉スープの味わいが口いっぱいに広がります。
このとき「ひや盛り」なら、麺本来の食感やコシ、小麦の風味を楽しむことができます。「あつ盛り」にしていたら、最後までスープが冷めにくくなり、寒い季節にぴったりです。

4 卓上調味料とトッピングで味変

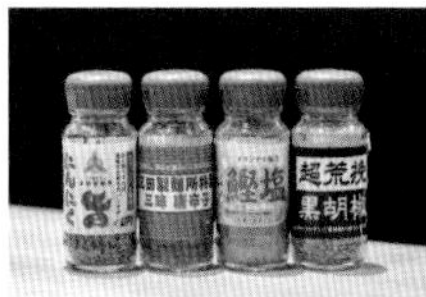

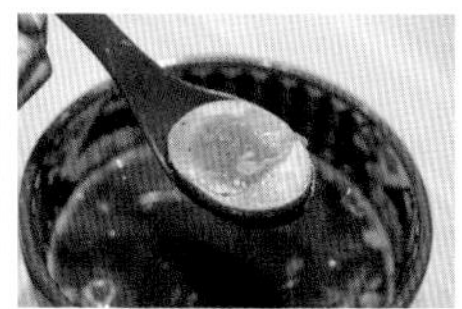

味変にも挑戦してみましょう！ 「三田製麺所」では、オリジナル配合の調味料が卓上に並んでいます。「にんにく七味唐辛子」をチョイスし、スープに入れるのではなく、麺にふりかけてみました。ピリッとした刺激が食欲をブーストしてくれること間違いなし！
トッピングをおつまみ感覚でそのまま食べるのもツウですが、スープに浸して味わうのが王道。最初に全部投入し、最後のとっておきに残しておくのもOKです。

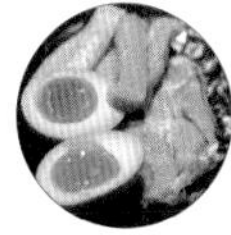

今回は煮卵・チャーシュー・メンマ・海苔と盛りだくさんの「三田盛りトッピング」をオーダー。

5 スープ割りで〆

つけ麺の〆といえばスープ割り！ 店員さんにお願いすると、カツオ出汁で薄く味付けしたスープが入ったポットを持ってきてくれます。これで濃厚なスープをサラサラに薄めていただくのがスープ割りです。追加料金は不要。つけ麺の残りスープ：割りスープ＝３：１が黄金比なのでお忘れなく！

油そば

まずは酢とラー油をふた回し！

日本料理の食べ方

13

東京発祥のご当地麺としても知られる油そばは、スープの代わりに特製のタレと油を麺に絡ませた、いわゆる汁なし麺です。今や全国のラーメン店のメニューで見かけるようになりました。「東京油組総本店」で教わった、基本の食べ方とマニアックなアレンジがこちら！

1 酢&ラー油を２周

太麺にチャーシュー、メンマ、ネギ、刻みのりがのったスタンダードな油そば。まずは、カウンターに置かれた無料の酢とラー油をかけましょう。目安はどんぶりを2周するくらい。大盛りなら3周、W盛りなら4周くらい。

2 熱いうちに混ぜ混ぜ

おいしさの秘けつは、アツアツの麺が冷めないうちに麺を混ぜること。麺の下にある醤油ダレと油が全体に行き渡るように、しっかり混ぜましょう。ひと口すすれば、醤油ダレのパンチをダイレクトに感じられるはず！

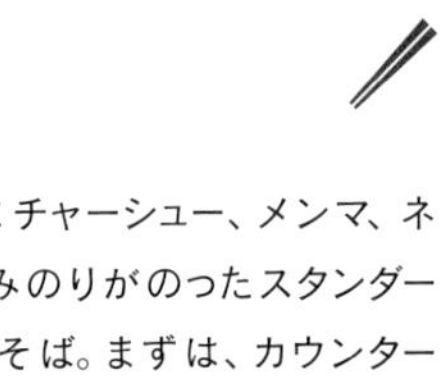

3 刻みたまねぎをトッピング

さらなるアレンジへ進んでいきましょう。刻みたまねぎをトッピングすれば、たまねぎの辛みと油そばのコクが相性抜群！　刻みたまねぎを投入した後には、追いラー油もおすすめです。お好みの量を回しかけ、しっかり混ぜ混ぜ、混ぜ混ぜ……。コショウやすりニンニクで味を調えていくのも定番。一度に全部をやろうとせず、少しずつ食べ進みながらアレンジしていくようにしましょう。

4 半熟たまご&チーズも絶品

常連さんおすすめのオーダーが、「油そば並盛り＋スペシャルトッピングA（ねぎゴマ＋半熟たまご）」です。そこにパルメザンチーズを振りかければ、なんともゴージャスなひと皿に。　すべてを混ぜれば、卵黄とチーズを醤油ダレが引き立てて、まるで和風カルボナーラ!?

5 「つまみチャーシュー」の裏技

最後に、裏技のようなオーダーの紹介です。トッピングのチャーシューとは別にある、「つまみチャーシュー」という商品。これに加えて、「焼のり」をオーダーしましょう。「焼のり」を手のひらの上に広げたら、チャーシュー＆すりニンニクをオン！　パーフェクトなおつまみのできあがりです。飲んべえの皆さんは、ビールと一緒にどうぞ！　もちろん、おつまみを麺と一緒にするわがままな食べ方もできますよ。

油そば、汁なし麺、まぜそば、まぜめん……お店によってさまざまな名前がありますが、ベースは同じです。

チータンタンまでやらなきゃ損！

じゃじゃ麺

14

日本料理の食べ方

盛岡冷麺やわんこそばとともに、じゃじゃ麺は盛岡三大麺に数えられる名物です。中華料理のジャージャー麺と混同されがちですが、その味や食べ方はまったくの別物。食べ方の正解をじゃじゃ麺専門店「じゃじゃおいけん」に聞いてきました！

1 まずは混ぜてそのまま

じゃじゃ麺が運ばれてきたら、まずは混ぜます！ 混ぜてこそ、じゃじゃ麺！ 肉味噌、キュウリ、ショウガを満遍なく行きわたらせたら、そのままひと口食べましょう。肉味噌の味をガツンと感じられ、お店の個性を楽しめます。

2 調味料で自分流に

少し食べ進めたら、卓上にある調味料を使って自由自在に味変！ 初心者であれば酢、ラー油、おろしニンニクがスタンダード。複雑な味をさっぱりとまとめる、紅しょうがもおすすめです。

3 卵を割り入れる

味変して麺を食べ終えて完食……と席を立ってしまうのはもったいない！　じゃじゃ麺の醍醐味はこれからなんです。
カウンターで出番を待っているのが卵。卵をひとつ取り、麺を食べ終えた皿に割り入れましょう。卵を取るときは店員さんに断らず、自分で割り入れちゃってOKなんだとか。

4 チータンタンください！

卵を割り入れ、残りのタレといっしょにしっかり混ぜたら、店員さんにこの言葉を伝えましょう。「チータンタンください！」

チータンタンとは「鶏蛋湯」と書き、ずばり卵スープのこと。タレと卵を混ぜたところに麺の茹で汁を注ぐ、じゃじゃ麺の王道〆料理！　やさしい味わいの温かいスープは〆にぴったりですね。これも麺と同様、お好みの調味料を加えてみましょう。

麺をたくさん残して卵を割り入れるのは避けましょう。ちゃんと食べてから、「チータンタンください」と伝えるべし！

15 カレーうどん

汁を飛ばさずおいしく食べたい！

カレーうどんを食べているとき、いくら慎重に食べても、汁を飛ばして服やテーブルを汚してしまってはいませんか？　専門店の「カレーうどん 千吉」に教わった、きれいな食べ方を紹介しましょう。最後の一滴まで完食できるとっておきの〆のアイデアも！

1 紙エプロンをつける

カレーうどんの始まりは明治時代にまで遡ります。100年以上前にこれだけ斬新な料理を考えるなんて、まさに文明開化。
お店には、高確率で紙エプロンが用意されています。服を汚さないようにまずは完全防備！

2 うどんは折りたたんで！

出汁を味わい、うどんを豪快にすする……これでは汁が飛び散るリスクがあります。コツは、うどんを折りたたんでひと口で食べること。箸の先で1本のうどんを3回くらい折りたたむと、ちょうどひと口サイズになります！

3 トッピングを入れる

折りたたむことできれいにうどんを食べ進めたら、自分なりのアレンジも楽しみましょう。卓上にある無料の粉唐辛子を入れれば、ピリリとした辛みが加わり、引き締まった味わいになります。さらにおすすめは、味玉とチーズのトッピングです。味玉は汁に浸して、カレーと一緒に食べましょう。チーズはどっさりと全部を入れたいところですが、半分を最後のお楽しみに。

4 ごはんで〆る

うどんを食べ終わっても、カレーうどんの楽しみはまだ続きます。「カレーうどん 千吉」のおすすめは、残ったスープにごはんを入れ、雑炊風にして〆ること。カレーとごはんの組み合わせなのだから、おいしいに決まっています！

5 チーズを入れてドリア風に

ごはんで〆るときには、さっき残していたチーズの出番をお忘れなく。チーズを足せば、雑炊風だった味わいがなんとチーズドリア風に！　ほんの少しの工夫で、1食で2回、いや3回でもおいしくいただけるのが、カレーうどんの醍醐味なのです。うどんの定番である野菜かき揚げやカツのせなど、お店によってトッピングもさまざま。うどんを折りたたんできれいに食べつつ、自分なりのアレンジを探してみましょう。

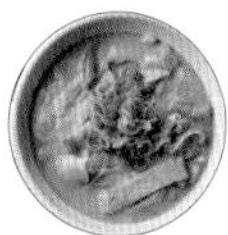

「カレーうどん 千吉」のカレーうどんは濃厚でクリーミーな風味です。カレーライスやスープカレーとは違った味わいが楽しめます。

薬味やトッピングでアレンジは無限大！

丸亀製麺の釜揚げうどん

16

日本料理の食べ方

釜揚げうどんを普段はどのように食べていますか？　茹でたてのうどんをそのままだしにつけていただくスタイルですが、薬味やトッピングなど工夫の余地はさまざま。おなじみの「丸亀製麺」で基本からアレンジまで食べ方を教えてもらいました！

1 釜揚げうどんとは

「丸亀製麺」では、すべての時間帯で、店内で粉から打ったできたてのうどんを提供しています。職人さんが打つ本格的なうどんをリーズナブルにいただけるなんて、「丸亀製麺」ならでは。釜揚げうどんは不動の定番メニューです。

2 麺を味わい、だしにつけて食べる

最初は、うどんを1本取っていただきます。ほんのりと塩味が感じられ、小麦の旨みを堪能できます。次に、だしにつけて味わいましょう。器を桶に近づけ、うどんをスライドさせるように移すのがきれいに食べるコツです。

3 薬味でアレンジ

「丸亀製麺」の醍醐味といえば、無料の薬味でアレンジできることも忘れてはいけません。薬味台からうどんに直接入れても、小皿に盛り付けて後から加えても、どちらでもOKです。
定番薬味でまず挙がるのが、青ねぎです。おろししょうがは繊維をほどよく残し、すっきりとした辛みと香りが楽しめます。天かすやすりごまも、足せばコク深い味わいに変化します。

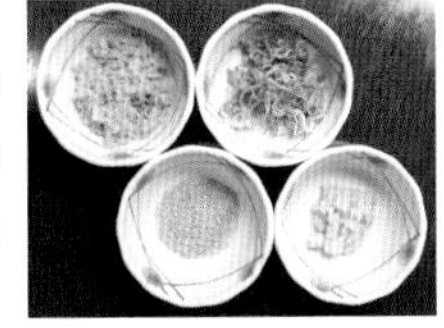

4 天ぷらをトッピング

天ぷらは店内でひとつずつ手作りし、揚げたてを提供するこだわりよう。できたてのサクサク感がたまりません！　人気No.1の「かしわ天」はジューシーさがやみつき必至。驚きの大きさの「野菜かき揚げ」、おなじみの「えび天」、讃岐うどんに欠かせない「ちくわ天」など、だしとの相性にこだわった天ぷらがラインナップしています。
だしをまろやかに味変させる温泉玉子のトッピングもおすすめ！

今回注文したのは、「野菜かき揚げ」と「かしわ天」。白ごはんを注文して、天丼にカスタマイズする裏技も!?

5 最後はそば湯風で〆る

麺を食べ終わっても、釜揚げうどんの楽しみはまだ残っています。桶に残った釜湯をれんげでつけだしに入れて、飲んでみましょう。釜湯で割られたつけだしはうどんの旨みが広がり、まるでそば湯のよう。最後にほっとひと息つくのにぴったりな滋味深い味わいです。

ジンギスカン

肉が先か、野菜が先か⁉

17

日本料理の食べ方

北海道のご当地料理としておなじみのジンギスカン。羊肉を野菜と一緒に焼いて楽しむ料理で、特徴は中央がこんもり盛り上がった専用の鍋を使うこと。人気のジンギスカン専門店「ゆきだるま中野部屋」直伝の食べ方を見てみましょう。

1 生肉は直焼き、味付き肉は蒸し焼き

まずは何も味付けをしていない生肉から直焼きしていきましょう。肉の置き場は、鍋の中央の高く盛り上がった部分。肉の脂が鍋のふちまで流れ落ち、そこに置いた野菜にうま味を加えてくれます。

両面にしっかりと焼き色をつけていきましょう。「ミディアムレア」などお店によって推奨する焼き加減があるので、その都度確認しておくといいですね。肉が大きいときは調理用ハサミでひと口サイズにすると食べやすいです。

生肉の次は、味付き肉を焼きましょう。鍋に野菜を敷いていきます。羊肉の脂が野菜に溶け込み、食欲をそそること間違いなし。

蒸し焼きにする際も肉は鍋の一番高い場所にのせます。両面の色が変わるまでしっかり焼いていきましょう。火が通ったら、お好みの調味料をつけていただきます。もちろん味付き肉を鉄板で直焼きしても絶品ですよ。

焼き上がった肉を食べるときは、塩で食べてからタレへと移るのがおすすめ。羊肉の素材の味がしっかり感じられるでしょう。

2 野菜を味わい、〆の麺へ！

肉ばっかりに気を取られていたらいけません。野菜の状態も随時確認しながら、焦げないように調理していきましょう。火が通ると甘みが増して、羊肉との相性も抜群ですよ。

肉を食べ終わったら、肉と野菜のうま味が残ったタレを利用して、つけ麺を楽しむのが「ゆきだるま 中野部屋」の流儀です。刻みネギとほうじ茶、コショウを加えれば味わい深い特製ダレの完成。お店によってそれぞれの〆料理がありますよ。

「ゆきだるま 中野部屋」のオーナーは元幕内力士。ジンギスカンはそれも納得のボリューム。

日本料理の食べ方

18 ネギタン塩

焼くのは片面だけ!

せっかくネギタン塩を注文したのに、焼いたり、ひっくり返したりするうちに、ネギを落としてしまってはいませんか?　ネギタン塩をきれいに、おいしく味わう方法を、昭和レトロな雰囲気が漂う焼肉チェーン「焼肉ホルモン モリちゃん」に聞いてきました。

1 タンは片面だけ焼く!

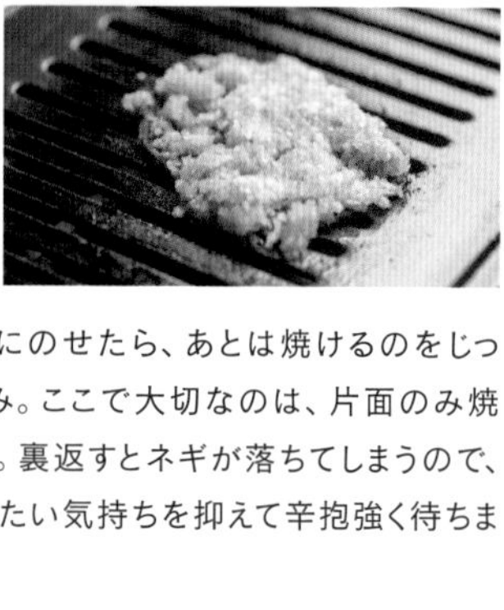

トングを使って、タンを鉄板にのせていきます。無理にタンを持ち上げようとすると、ネギを鉄板に落としてしまいがち。皿を鉄板に近づけながら傾け、タンを滑らせるように動かすのがポイントです。

タンを鉄板にのせたら、あとは焼けるのをじっくり待つのみ。ここで大切なのは、片面のみ焼くということ。裏返すとネギが落ちてしまうので、ひっくり返したい気持ちを抑えて辛抱強く待ちましょう。

2 焼きムラはヘラで整えて

タンの片面をじっくり焼きながら、表面を見て焼き具合をチェックします。よく焼けた茶色の部分と、火が通ってない赤い部分に分かれてきたら、焼きムラが発生しているサイン。タン全体が均質な焼き具合になるように、ヘラを上手に使って調整しましょう。

タンの下にヘラを滑らせたら、クルッと回転させ、焼きが足りない部分を火力の強いところに移動させます。ネギが落ちないように注意！

3 折りたたんでパクリ

タンの表面が全体的に色づいたら食べ頃です。ヘラを使って皿に移しましょう。ここでも皿を鉄板に近づけて、タンを滑らせるように動かすのがポイントです。

タンに食らいつく前には、このようにふたつ折りにすることを忘れずに。ネギを落としにくいだけでなく、ネギがタンの脂に包まれて、よりまろやかな味わいに感じられます。ネギに味付けがしっかりされている場合、レモンなどの調味料はかけなくてもOK。そのままおいしくいただきましょう。

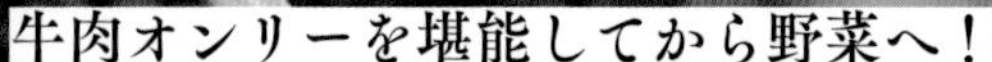

牛肉オンリーを堪能してから野菜へ！

すき焼き

19

日本料理の食べ方

今も昔も、憧れの御馳走といえばすき焼き。家庭料理のイメージもありますが、ある日突然、格式ある有名店に招待されたらどう振る舞えばいいか困ってしまうかも。明示創業の老舗「人形町今半」に、お店でのすき焼きのつくり方・食べ方を教えてもらいましょう。

1 まずは牛肉のみを堪能

「人形町今半」では、店員さんが目の前ですき焼きを調理してくれます。割り下が沸いたら牛肉の出番。裏返しつつ、全体にサッと火が入る程度の焼き加減がおすすめ。卵にくぐらせ、うま味や香り、食感を堪能しましょう。

2 野菜と一緒に味わう

最初に牛肉だけを焼いたことで割り下にうま味が染み出し、野菜の味が深みを増します。鍋の底をキャンバスに見立てて、一つひとつ並べていくのがポイント。「人形町今半」では割り下を随時足していき、昆布出汁で味を調えます。

3 季節の食材を楽しむ

すき焼きは、さまざまな野菜を牛肉と一緒に味わえる万能料理です。季節に合わせて具材を工夫するのも楽しみ方のひとつなのだそう。
「人形町今半」でも夏はナスやオクラ、冬は京野菜の聖護院かぶや金時人参など、旬の野菜が入ったすき焼きを味わえます。店員さんにつくってもらうと牛肉と野菜をバランスよく食べ進められます。

4 野菜だけでお口直し

肉と野菜の組み合わせを楽しみ、お次は野菜だけでさっぱりといただきます。豆腐やお麩は味が染み込むのに時間がかかるので、前もって鍋に入れておくと丁度いい頃合いに食べられます。春菊などの葉物野菜はすぐに火が通るので、食べる直前に入れるそう。

5 ふわトロな卵で絶品〆ごはん

野菜のうま味を味わったら、いよいよ〆です。口をさっぱりさせたのはこのため！　新しく卵を溶き、弱火で熱した鍋に投入。注ぐ際にスプーンでワンバウンドさせることで、鍋全体に卵が広がります。
すぐに卵が沸いてくるので、そうしたら火を止めます。余熱で火を入れながらスプーンでかき混ぜ、ふわトロな状態になったらごはんによそいます。旬のミョウガをちょこんとのせ、ふわ玉ごはんのできあがり。割り下の甘じょっぱい味が染みこんだ卵と香り高いミョウガ。そこに炊き立てごはんを合わせれば、これまでにない幸せなマリアージュの完成です！

どれだけ出汁をきれいに保てるか

20 しゃぶしゃぶ

日本料理の食べ方

上質な牛肉を煮立った出汁で泳がせて……しゃぶしゃぶの食べ方について、そんな大まかなイメージしかない人は意外と多いのではないでしょうか。「しゃぶしゃぶと日本料理の木曽路」で教わった、おいしい食べ方を紹介します。ポイントは出汁のきれいさです！

1 どんなタレと薬味があるの？

しゃぶしゃぶの定番のタレは、ごまだれとポン酢です。薬味ならさらし葱や紅葉おろし、ニラ、ニンニクなど。ニラとニンニクは木曽路「秘伝のごまだれ」に、さらし葱と紅葉おろしはポン酢に合わせるのがおすすめです。

2 まずは肉 1 枚を堪能する

出汁が沸騰したら、菜箸で牛肉の端を持ち、寝かせるようにして鍋に入れます。牛肉を出汁に広げ、8の字を書くように泳がせましょう。ゆっくりと3回ほど。牛肉がほんのりピンクがかった状態がベストタイミング！

3 灰汁の取り方

出汁が味の決め手であるため、こまめな灰汁の処理が大切です。灰汁を取りたいと思ったら、鍋の温度を高温にします。出汁が沸騰し、灰汁が浮かんでくるので、鍋の温度を戻しましょう。レードルを外側に向けて、鍋の縁を利用しながら、灰汁を集めてすくいます。牛肉を何枚かしゃぶしゃぶすると、出汁が濁りやすいです。一度によそう分だけ野菜を煮てから灰汁取りをするようにしましょう。

4 野菜も一緒に味わう

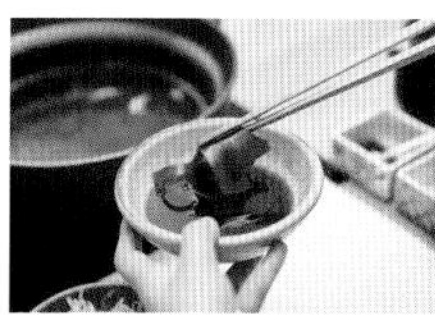

牛肉を堪能したら、そのうま味がしみ出た出汁で野菜を煮ていきます。野菜はうま味の出るもの、煮えにくいものから先に入れると、出汁の味に深みが増すのでおすすめ。シイタケ、ニンジン、白菜などがそれにあたります。出汁を濁らせないためにも、一度によそえる分だけ調理するのがポイントです。
定番の春雨は、鍋に入れるときは菜箸から離さず、煮えたらすぐによそってください。さっぱりとしたポン酢が絶妙に合います。

水耕葱は出汁の表面に浮かべながら煮ます。箸で持ち上げてクタッと折り曲がれば食べ頃です。

5 出汁を使った〆料理

牛肉と野菜から出た出汁で、きしめんと餅をいただきましょう。塩と胡椒が入ったカップに出汁をレードル5杯ほど注ぎ、きしめんの麺の端が透き通ってきたら食べ頃。「木曽路」では最初の牛肉1枚と最後の〆料理を店員さんが調理してくれるので安心ですよ。

〆のちゃんぽん麺の先に新世界がある！

もつ鍋 21

日本料理の食べ方

博多ラーメンや明太子など、うまかもん（おいしいもの）に事欠かない福岡グルメにおいて、代表格であるのがもつ鍋です。牛や豚のもつを主な材料とする鍋料理は、どんな食べ方がスタンダードなのでしょうか。人気店「博多もつ鍋 幸 とりもつえん」に聞いてみました。

1 じーっと待って火を通す

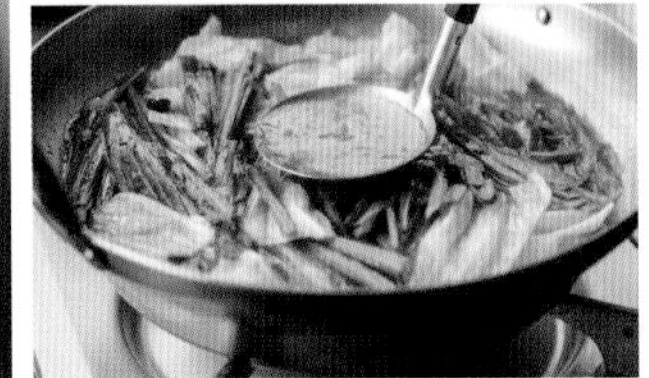

もつ鍋はお店で注文すると、鍋に具材と出汁が入った状態で運ばれてくるのが基本です。まずは強火で、鍋全体を熱しましょう。もつや野菜はかき混ぜず、出汁が沸騰するまで辛抱強く待ちます。

出汁が沸いたら中火にします。強火のままにしておくと、出汁が煮詰まって味が濃くなり過ぎるので要注意。ときどきおたまで出汁をすくってかけながら、野菜を浸していきましょう。

2 鍋全体をかき混ぜる

キャベツがしんなりし始めたら、具材全体をかき混ぜます。もつ鍋のもつは、ほとんどの場合、下ゆでしてあります。野菜に火が通ったらもつも食べ頃。もつのジューシーな食感を味わいたいなら、火が通り過ぎないうちに食べるのが基本です。

トッピングを頼み、タイミングを見ながら鍋に加えます。豆腐はもつ鍋と相性抜群。柚子胡椒を出汁に溶かすと風味が変化して、奥深い味に仕上がります。

3 最初の〆はちゃんぽん麺!

野菜ともつを食べ終えたら、〆の準備のはじまりです。出汁が少ない場合は、店員さんに頼めば追加してもらえます。

もつ鍋といえば、ちゃんぽん! 強火で熱した出汁が沸いたら、鍋にちゃんぽん麺を投入します。2分ほど待つと麺が出汁を吸って、シンプルだけどうま味のある〆料理の完成です。

もちもちな太麺を豪快にいただきましょう。噛むたびに野菜やもつのうま味が溢れだし、お腹いっぱいでも不思議と食べられちゃいます。

4 最後はうま味たっぷり玉子雑炊!

〆がひとつと限らないのも、もつ鍋の楽しいポイント。ちゃんぽん麺を食べ終わった出汁に炊いたご飯を加え、再び火にかけます。出汁が沸いたら火を止め、同時に溶き玉子を投入。おたまでかき混ぜながら余熱で火を通しましょう。出汁にちゃんぽん麺の風味も加わり、鍋で繰り広げられたうま味の総集編。やさしい味がじんわり広がり、完食してしまうこと間違いなし!

ひつまぶし

4等分にしてスタート!

22

日本料理の食べ方

名古屋名物のひつまぶしは、うなぎを蒸さずに焼きのみで仕上げ、決まって薬味や出汁が一緒に運ばれてきます。うな重とはちょっと違うその手順をしっかり頭に入れておきましょう。愛知県に本店を構える「ひつまぶし 備長」に聞いたおいしい食べ方がこちら!

1　1膳目はごはんを4等分に!

ひつまぶしは、おひつに入ったごはんを4等分にすることから始まります。十文字にしゃもじを入れれば、あっという間にごはんがきれいに4等分。うなぎはあまり気にせず、力を入れてしゃもじを使うことがポイントです。

ごはんを4等分したら、そのうちの1ブロックをお茶碗によそいます。1膳目は何も加えず、うなぎとタレが染みたごはんをそのまま味わいましょう。特有の香ばしさと、パリパリ食感をダイレクトに楽しむことができます。

2　2膳目は薬味を添えて

1膳目を食べ終わったら、新たな4分の1のごはんをお茶碗によそいます。2膳目は薬味をのせて食べましょう。ワサビとさらしネギを好みの量でごはんによそいます。
ワサビはうなぎの脂と相性抜群！　爽やかなワサビの風味と、ネギのシャキシャキ食感でさっぱりといただきましょう。

3　3膳目は「うな茶漬け」に挑戦

3膳目はお待ちかねのうな茶漬けです。刻み海苔をふりかけます。海苔が満遍なくごはんにかかるようにしましょう。
次に出汁をごはんに注ぎます。出汁の量はうなぎのタレと調合しながらお好みで、特に決まりはありません。これで完成！
「うな茶漬け」は食べる前に少し箸でほぐしましょう。こうすることで、うなぎの脂が出汁に溶け出してまろやかな味になります。2膳目で紹介した薬味を入れてもOK！

茶漬けがお茶碗いっぱいになってしまうので、こぼさないよう気をつけましょう。

4　4膳目は好きな食べ方で！

おひつに残った最後の4膳目、〆の食べ方に決まりはありません。これまでの3膳から、好きなスタイルで〆ましょう。ひとつのメニューをさまざまな風味で味わえるのがひつまぶしの醍醐味です！

フタを取り皿にして追い飯で〆る！

みそ煮込うどん

23

名古屋の家庭料理をルーツにもち、愛知県岡崎市産の八丁味噌ベースの出汁でコシのある生のうどんを煮込んだみそ煮込うどん。立派な土鍋で出されるのには、実は理由がありました。名古屋の老舗「山本屋総本家」に聞いた、最後まで存分に味わえる食べ方を紹介します。

1 フタを取り皿にする

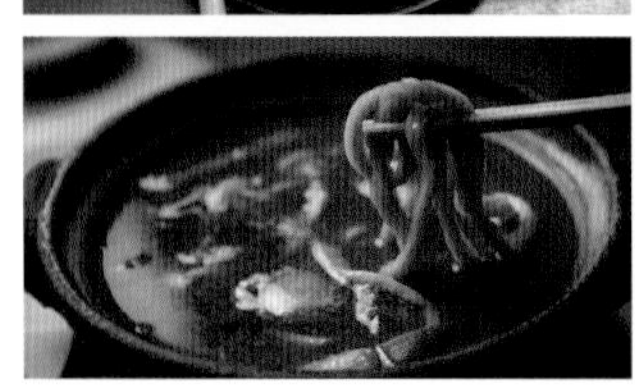

みそ煮込うどんに使われている土鍋のフタには蒸気穴がありません。なぜなら、フタを取り皿として使うから。フタを取ったら奥ではなく、手前に置きましょう。
うどんを取り皿に移すときは、取り皿を鍋と平行に持ち、うどんをスライドさせるように移すと汁が飛びません。ひと口目は何も足さず、まろやかな風味を堪能します。生のうどんをそのまま煮込んでいるため、噛み応えがあるのもみそ煮込うどんならではの味わいです。

2 一味や七味で味変

湯気が食欲をそそり、ぐつぐつと熱そうなみそ煮込うどんは、味変にトライするのもいいでしょう。
そのままの状態を味わったら、卓上の一味や七味をかけてみましょう。辛さを感じたかったら一味、風味をより楽しみたかったら七味をかけるのがおすすめです。赤味噌と白味噌を組み合わせた八丁味噌のまろやかな風味を一味と七味の辛みが引き立てます。

3 玉子を溶かす

食べ進んだ後、玉子入りのメニューであればお待ちかねの卵黄解禁タイムです。コクのあるこだわりの玉子はみそ煮込うどんと相性抜群。最初に割って生の状態でうどんと絡めてもいいですし、最後のお楽しみにとっておいてもいいでしょう。

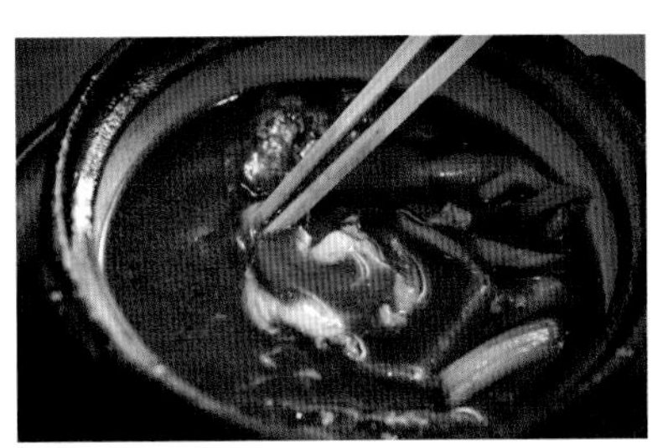

4 ラストは追い飯も！

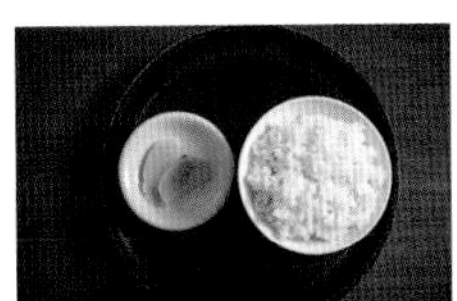

うどんは食べ終えたけど出汁が残ってもったいない……そんなときには、オプションのごはんをオーダーします。
玉子を最後まで残しておいて、ごはんを入れるときに割って混ぜるとおじやみたいでクセになる味！　うどんを食べて〆までいただけるとはなんて贅沢なんでしょう。土鍋をきれいにして完食できるのも、〆に追い飯をするポイントです。

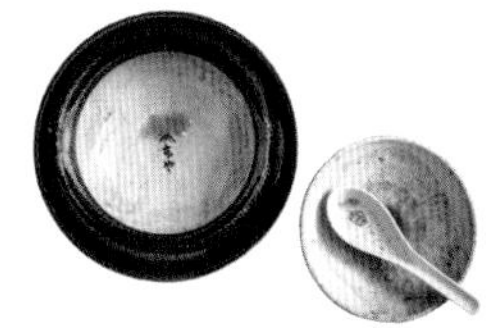

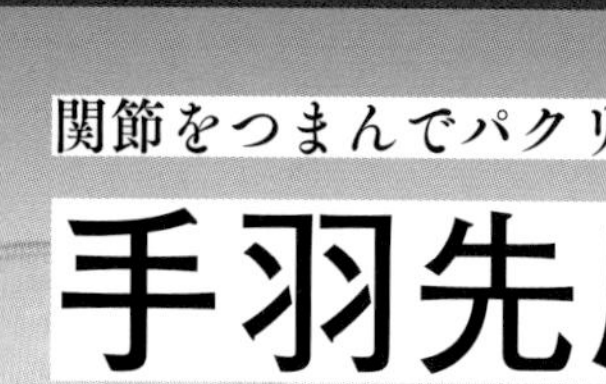

関節をつまんでパクリ

手羽先唐揚げ

24

日本料理の食べ方

名古屋名物でおなじみの手羽先唐揚げをきれいに食べられますか？　目の前にあればすぐにでもかぶりつきたいけど、肉を骨に残したり、手を汚したりしてしまいがち。「世界の山ちゃん」に教わった、手羽先唐揚げのきれいな食べ方を見ていきましょう。

1　ひねってちぎる

手羽先唐揚げは、手を使って食べるのが基本です。まずは片方の手で身の多い部位を、もう片方の手で羽根の先の部位をつまむようにして持ちましょう。身の多い部位は「手羽中（てばなか）」、羽根の先は「手羽端（てばはし）」と呼ばれていて、写真に見える全体が「手羽先」となります。

構えができたら、片方の手を手前側、もう片方の手を向かい側にひねって手羽先をふたつにちぎります。あまり力まず、身がふたつに分かれればOKです。

2 関節をつまんでスルリと

先に手羽中から食べていきましょう。手羽端とつながっていた関節部分を指先で持ち、身を縦向きにしていただきます。つまんだ指の少し上、関節の骨がある位置を歯でパクッと挟んだら、骨をグイッと引っ張ります。
うまくいくと、スルリと身だけ抜けます。このように2本の骨がきれいな状態で残るのが理想。
骨に身が残っていたら、最後まで残さず食べましょう。

3 手羽端まで堪能する

手羽中の身を食べたら、次は手羽端。サイズは小さいですが、しっかり味付けされた皮と身があるので、前歯で骨から剥ぐようにいただきましょう。先端の軟骨ごと食べてしまう達人もいます。

今までの手順をたどっていけば、右上の写真のように最後は骨だけの状態になります。手羽先唐揚げは骨についた細かい身まで食べられるので、最後まで味わいましょう。
きれいに安心して食べられれば、ビールやハイボールがますます進むもの。簡単なステップを頭に入れておくことで、食事の席がもっと楽しくなるはずですよ。

日本料理の食べ方

25

定番部位と塩・タレの選び方

やきとり

みんな大好きやきとりは、ついつい同じ部位ばかり食べてしまいがち。専門店に連れられていけば、部位がわからず、塩・タレの選択を間違えるかも。うま味をぎゅっと閉じ込めたやきとりで知られる人気店「炭火串焼 鶏ジロー」にやきとりの基本を教えてもらいましょう。

1 串のまま食べる

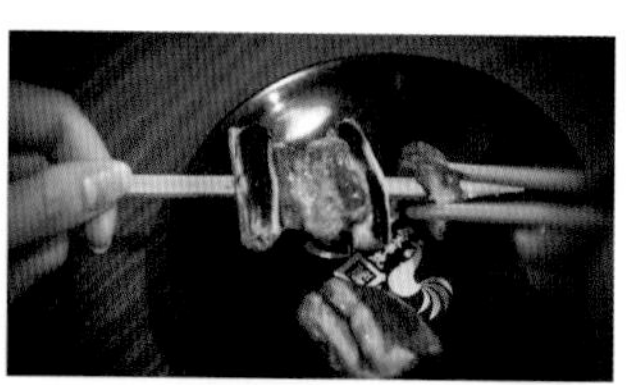

やきとりは串のまま食べるのがエレガントであり、つくってくれた人へ敬意を示すことになります。そのままであれば肉汁が逃げにくく、よりジューシーさを感じられるでしょう。
串に刺さった奥の方が食べにくかったり、複数人でシェアしたかったりしたときなどは、串からはずして食べましょう。箸で鶏肉をホールドして、串側をひねると外しやすいです。食べ終わった串は卓上にある筒へ。こうすれば店員さんも片付けがしやすいです。

2 やきとりの部位を知る

やきとり店に来たら食べてほしい、おすすめ部位をご紹介します！

かしわ｜手羽元です。高タンパク低カロリーですが、食感はジューシー。塩がおすすめ。

なんこつ｜コリコリとした噛みごたえ。胸骨の先にあるのがやげんなんこつで別名「かっぱ」、膝部分にあるのが膝なんこつで別名「げんこつ」。塩焼きが基本。

はらみ｜牛のように横隔膜ではなく、腹壁の筋肉。1羽から10gほどしか取れない希少部位。せせりよりも弾力がある食感。塩焼きでどうぞ。

はつ｜鶏の心臓です。1本に3羽分を使用します。比較的クセがなく、濃厚で独特な食感が特徴。こちらも塩で。

白レバー｜脂がのったレバーは臭みが少なく、なめらかな食感は高級食材フォアグラのよう。わさび塩でさっぱりと。

つくね｜金鶏ひき肉を団子状にして焼いたものです。味のバリエーションが豊富で食べやすいこちらはタレで。

ねぎま｜鶏もも肉とネギを交互に串に刺したド定番。ネギの甘みとシャキシャキ食感が、プリプリの鶏もも肉によく合います。タレがおすすめ。

皮｜鶏皮です。とろけるような脂とパリッとした香ばしさがやみつきになります。タレ・塩いずれも美味！

ひと口にやきとりと言ってもさまざまな部位があり、それぞれの味わいがあります。タレ・塩の味にひと工夫したいときは、お好みの量の七味をかけましょう。最近は鶏肉以外の食材を串焼きにしているものも増えているので、ぜひトライしてください。

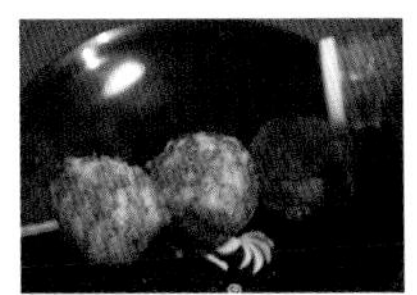

3 サイドメニューを楽しむ

やきとりのお口直しに、あるいはお酒のアテに。やきとり店ならではのサイドメニューもさまざまです。クリーミーでコクのある味が日本酒や焼酎と相性抜群の鶏レバ刺し。炙り鶏皮ぽん酢や唐揚げなども交えれば、大満足も間違いなし！

もんじゃ焼き

土手をつくって出汁を投入!

26

もんじゃ焼きは東京都民おなじみの下町グルメ。いざ鉄板を前にすると、どのようにつくればいいか戸惑ってしまう人も多いのではないでしょうか。もんじゃストリートで知られる東京・月島の名店「月島名物もんじゃ だるま」で教わった食べ方はこちら!

1 まずは具材から焼いていく

調理は具材と出汁で別々。細かい具材を炒め、ほぐしたら、キャベツを焼きます。ボウルを傾けずにスプーンですくうように鉄板へ。出汁を注がないようにしましょう。キャベツはヘラで刻んでおくと食べやすくなります。

2 次に土手をつくる

キャベツを刻み終えたら、出汁をせき止める土手をつくります。コツは、具材を縦長に整えること。鉄板に縦長で盛った具材の中央から、ヘラを使って輪を描くように土手を広げていきましょう。

3 出汁を投入！

土手をつくったら、ボウルに残った出汁を土手の中央に投入します。出汁を入れる前にスプーンでボウルをかき混ぜておくと、下に溜まった具材やうま味を浮かせることができるでしょう。土手を崩さないように、出汁は2〜3回に分けて入れるのがポイント。出汁を注いだら、しばらくは鉄板を見守る時間です。待っていると、薄い膜ができ、出汁の周りが濃い茶色になってきます。

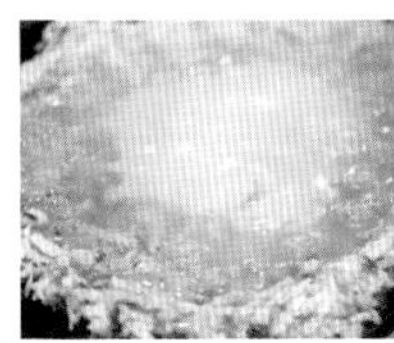

4 土手を広げてうす〜く伸ばす

表面に膜ができたら、土手を広げる合図です。ヘラを使って、両手で具材と出汁を混ぜていきます。ある程度混ぜたら、今度は生地を薄く伸ばしていきます。薄くすればするほど、おこげができやすくなります。トッピングを頼んでいるなら、かけるのはこのタイミング。薄くのばした生地の上にまんべんなく散らしていきましょう。写真は定番トッピングのチーズ。

鉄板を使って楽しく調理しながら味わえるのが醍醐味。最後は弱火にすると、食べ終わりまで上手に火が通ります。

5 小さなヘラを使いこなす

生地にとろみがでてきたら焼き上がりのサイン。食べるときは、各自に用意された小さなヘラを使います。指先でヘラを持ち、人さし指でもんじゃ焼きを鉄板に押しつけるように手前に引きます。力をグッと入れれば、おこげをつくることができ、絶品！

てっさからてっちり、雑炊へのフルコース

ふぐ料理

27

日本料理の食べ方

ふぐは高級食材であり、昔から特別な日のご馳走です。定番の流れがあり、食べ方にもコツがあるふぐ料理について、「とらふぐ亭」で学んできました。産地直送の国産とらふぐを使った料理のフルコースは、最初から最後までまさしく絶品！

1 まずは「皮刺し」から

今回は「泳ぎとらふぐコース」にし、まずは「皮刺し」から。とらふぐの皮を湯引き後、千切りにした珍味。2～3切れを箸で取り、紅葉おろしと青ネギを少量のせて食べましょう。日本酒は両手で受けるのがマナーです。

2 「てっさ」を豪快に

「てっさ」はふぐの薄造りのこと。乾かないうちにいただきましょう。箸でふぐの身を2～3切れすくい上げ、ポン酢につけ、歯ごたえの向こうに広がる上品な甘みをどうぞ。すだちを搾るとさらにサッパリ！

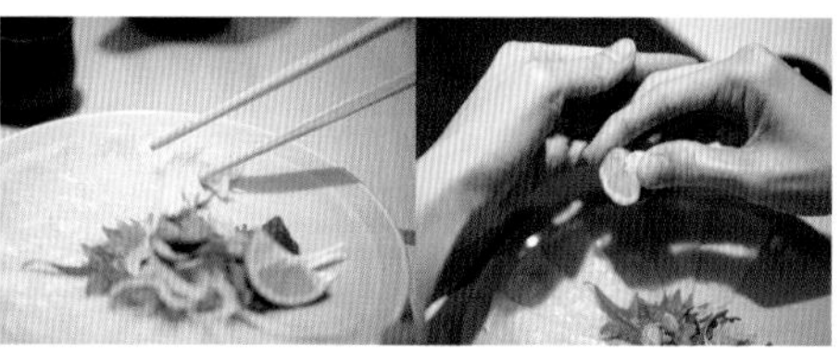

3「てっちり」を堪能

「てつ」は鉄砲、「ちり」はちり鍋の意味。昆布出汁が入った鍋にふぐの身とアラ、春菊、白菜、豆腐などを加えていただきます。骨付きのふぐの身を中火で6～7分、続いて薄い身を2～3分程度煮ましょう。火が通ったら、まずはふぐの身だけ、次にポン酢で味わいます。炙ったふぐのひれで風味付けをした「ひれ酒」が相性抜群。ひれは食べずに取り出して、裏返した蓋の上に置きましょう。

4 ふぐ唐揚げは手づかみで

「てっさ」と「てっちり」がふぐ料理2大看板ですが、「とらふぐ唐揚げ」もまた定番。サクサクの衣と噛むほどに染み出すふぐのうま味が絶品です。すだちを軽く搾ったら、骨の部分を指でつまんで、身の部分にかじりつくと食べやすいです。

5 雑炊で仕上げ！

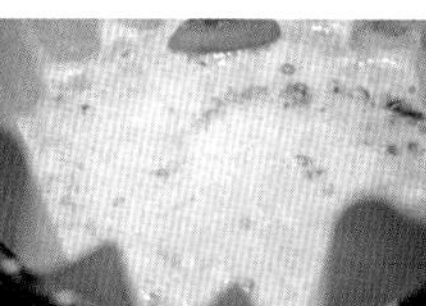

仕上げはふぐの出汁でいただく雑炊です。店員さんがつくってくれます。まずは、鍋の中の野菜をすくって取り出します。出汁が沸騰したら、ごはんを投入。塩・醤油をおたまに少量のせて、鍋に入れて味を調えます。沸騰したら溶き玉子を入れて、火を止めます。美しいふぐ雑炊のできあがり！　おいしくないわけがありません。お茶碗によそっていただきましょう。

日本人は縄文時代からふぐを食べていたことが発掘調査で明らかになっています。山口県下関市が代表的な産地です。

会席料理

料理の順番、作法を徹底解説

一流の料亭で会席料理のコース……きっと緊張するでしょう。大切な接待やデートの場面で、スマートに食事ができれば、株が上がること間違いなし！ グランドプリンスホテル新高輪の「和食 清水」で、会席料理の基本的な流れと作法、マナーを取材しました。

1 先付け

「会席料理」は、精進料理を起源とする「懐石料理」を夜の座敷でお酒と一緒に提供するようになったのがルーツだと言われています。まずは前菜にあたる「先付け」からスタート。左から時計回りに百合根豆腐、青菜浸し、フキの煮付け、鮟肝（アンコウの肝）。「先付け」は、薄味のものから濃い味へ進むのが作法です。1品目は「箸染め」と呼ばれることもあります。小皿を左手で持ち上げて食べてもOKです。

2 お椀

主菜となる「お椀」です。春は鯛の塩仕立て、秋は土瓶蒸し、ほかの季節は海老しんじょうのお椀などが一般的です。まずは漆塗りの器の柄を楽しんだら、左手でお椀をしっかり押さえながら、右手でフタを開けます。写真のように上部の取っ手部分をつまむのが正解です。

奥のほうに向けてそっと開けるのが美しい作法です。フタは両手を使って、折敷(おしき)の外に静かに置きます。器を傷つけないように、ゆっくりと。写真は白味噌仕立ての車海老のお椀。フタを開けたら、出汁の香りを存分に楽しみましょう。

箸を取り上げるときは、お椀を左手で持ちながら、右手で箸をつまみ、左手の人さし指と薬指に中指を添えるようにして箸を挟みます。その後、右手に持ち替えます。
車海老などの椀だねを箸でせき止めながら、吸地(すいじ)をいただきます。もちろん車海老などの椀だねを食べてもOK。

最後はお椀のフタを戻すときの動作。まず両手でフタを持ち上げ、右手で取っ手をつまみ、フタをしましょう。その際、お椀とフタの柄を揃える心遣いがあるとスマートです。

3 お造り

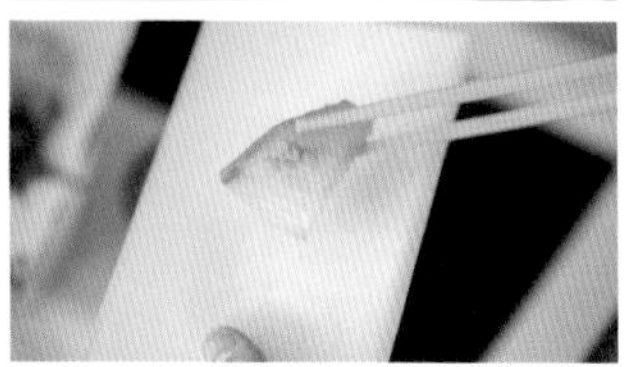

会席料理のお楽しみのひとつが「お造り」。旬の魚を新鮮なまま刺身で提供してくれます。刺身は淡白な鯛などの白身魚から貝類や脂ののったマグロなどの順に食べるのが作法です。
盛り付けが崩れないように手前の切り身から食べます。ワサビは醤油に溶かさず、切り身にのせて。醤油をつけるときは、醤油皿を左手で持ち上げると食べやすくなります。懐紙（かいし）を添えて、醤油が垂れないようにする方法も。

4 焼物

お造りの次は、「焼物」。丸ごと口に運ぶのではなく、ひと口大の大きさに箸で切り分けてから食べましょう。写真は、マナガツオの西京焼きとホタテの柚子焼き。添えてある「はじかみ生姜」は、飾りではなく食べてOK。次の料理の前にお口直しができます。殻付きの海老などが出てきた場合は、手を使っても構いません。

5 煮物

焼物の後は、揚物、蒸し物、煮物などが季節に応じて組み込まれます。煮物は、温物（あつもの）と呼ばれることもあります。写真は季節の野菜の炊き合わせ。こちらもフタを開けたら、出汁の香りを愉しみましょう。

6 揚物

お次は「天ぷらの盛り合わせ」。海老、キス、シシトウ、カボチャなどです。盛り付けを崩さないように手前から食べるのが作法。刺身と同様、淡白なものから味の濃いものへ食べ進むのが基本です。

天ぷらは温かいうちに食べるのがマナーです。まずは塩味で楽しむのがおすすめ。塩をつける際は、指先でつまんで適量を振りかけます。

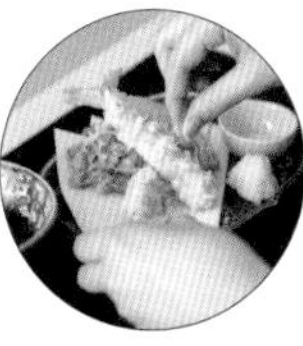

大ぶりのキス天は、箸で切り分けてひと口サイズに。食べかけを取り皿に戻すのはNGです。天つゆにつける際は、大根おろしを天ぷらにのせて、さっとくぐらせるように。大根おろしは、天つゆに溶いてもOKです。

7 食事

会席料理の〆にごはんとお椀が供されます。ここで出るお椀は「留(と)め椀(わん)」とも呼ばれ、味噌汁が一般的。料理の最後という合図になっています。「和食 清水」では、握り寿司が振る舞われます。寿司を箸で取る際は、横向きに挟んで、ネタ側に醤油をつけるのがスマートです。

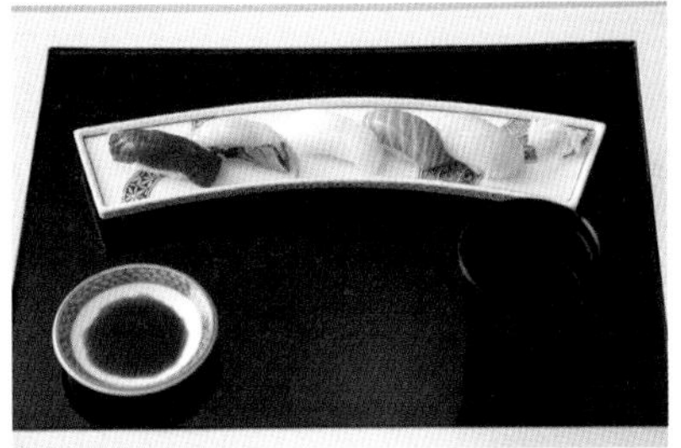

8 甘味

最後は洋食のコース同様、デザートが出ます。フルーツや和菓子が一般的です。会席料理コースの余韻を楽しみながらいただきましょう。

Tips

箸の持ち方

1. 正しい箸の持ち方

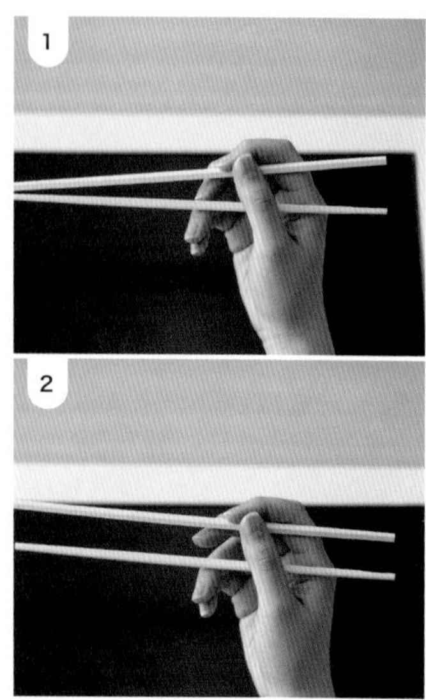

正しい箸の持ち方は、まず下の箸を親指の付け根にのせて固定します。そして、上の箸を親指、人さし指、中指の3点で支えます。これは鉛筆の持ち方と同様です。食べものをつかむときは上の箸だけ動かします。人さし指と中指を上下させ、薬指は下の箸を支えるだけの状態にします。親指が箸から離れないようにするのがポイントです。

Point!

これはNG!

左写真のように箸がクロスするのはNGです。薬指で下の箸をしっかり支えましょう。また、右写真のように手の甲を上にして食べものをつかむのも行儀がよくないとされています。

2. 箸の取り上げ方

箸置きから箸を取り上げるときは、両手を使うのが作法です。右利きの人の例を見ていきましょう。まず、右手の人さし指と親指で箸をつまみ上げます。そして、左手の親指と人さし指の間に挟みます。その後、右手を正しいポジションに持ち替えます。はい！　このとおり。

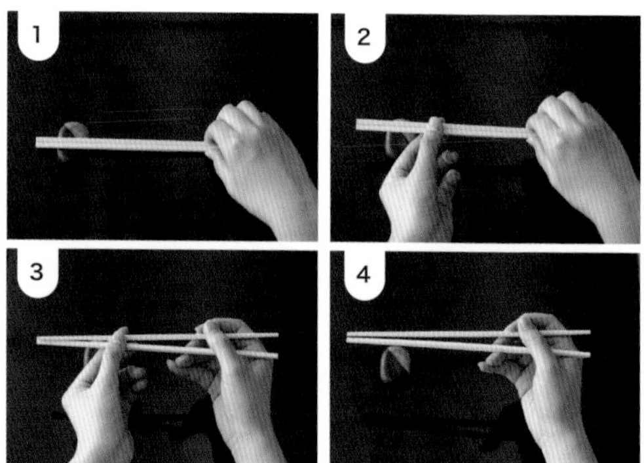

3. 箸の置き方

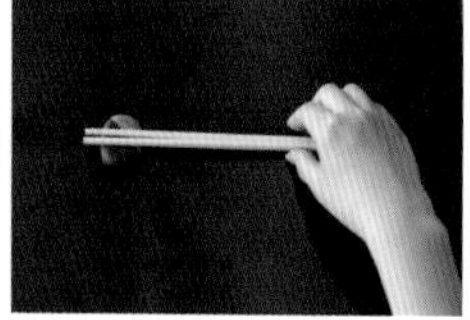

箸を置くときは、この逆の手順で行います。左手の親指と人さし指で箸の先の部分をつまみ、右手を箸の上へ。そのまま箸を右手でつまんでそっと置きましょう。この所作を見ている大人は意外と多いので要注意です！

Tips

おしぼりの作法

1. おしぼりの意味

和食レストランに行くと必ず「おしぼり」が出てきます。これは足で踏む畳を触った手を食事前に清める意味があるそうです。

2. ゆっくり両手を拭く

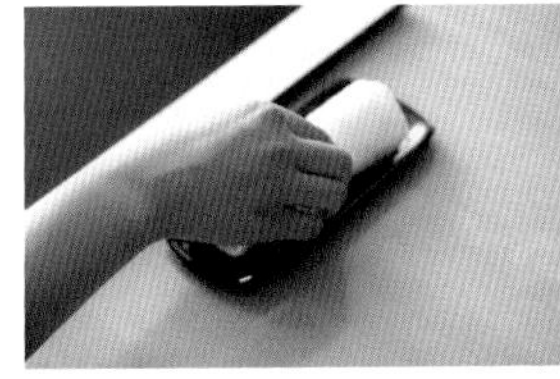

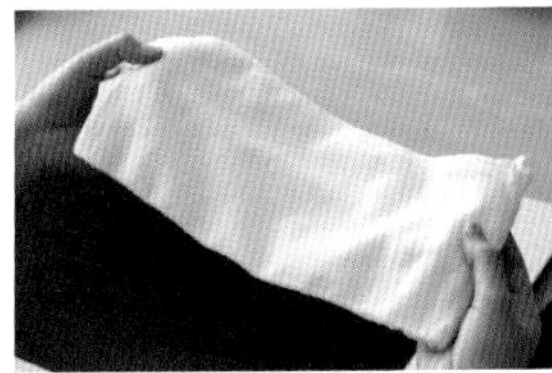

おしぼりを持ち上げたら、くるくると広げて……。ゆっくりと両手を拭きます。なんとなく心を静める効果もありそう。

3. 拭いたら元の位置へ

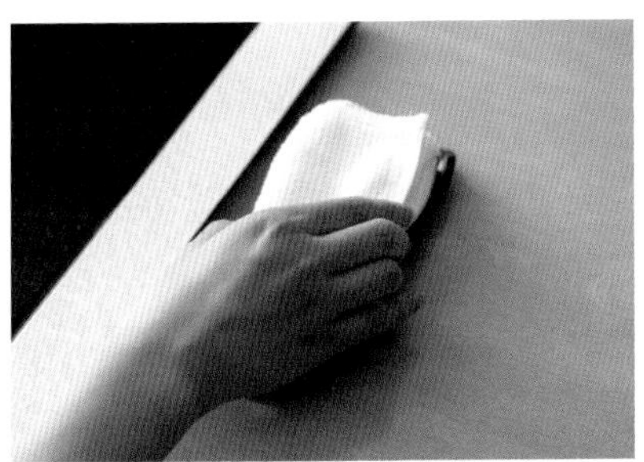

拭いたおしぼりは軽く畳んで、元の位置に戻します。

Point!

これはNG!

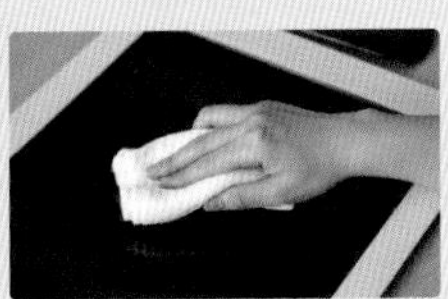

ちなみに、テーブルや折敷にこぼれた汁などをおしぼりで拭くのはNGとのこと。ついついやっていませんか？　おしぼりはあくまでも手を清めるもの。汚れが気になる場合は、ナプキンなどをもらって拭きましょう。

日本料理の食べ方

29

日本酒

自分好みの味や飲み方を探そう

日本酒はどんな料理にも合う懐の深いお酒です。スパークリングの日本酒から、燗酒にしてもよい純米酒、冷やで味わう吟醸酒など飲み方も味の種類も実にさまざま。ビギナー向けの日本酒の楽しみ方を東京最古の酒舗と言われる「豊島屋本店」で聞きました。

1 日本酒の基本を知る

日本酒は種類や温度によって味わいが変化します。選び方の基本は、香りと味わいです。「香りが華やか」、「香りがおだやか」、「味がすっきり」、「味がふくよか」という4つの指標で、自分の好みを探しましょう。

味わいは酒器によっても変わってきます。繊細なお酒にはガラスや磁器などの杯を。どっしりとした純米には陶器などが合うでしょう。江戸切子や漆や陶器など、日本にはさまざまな伝統的な種類の器があります。

2 日本酒の種類

精米歩合*が50%以下の日本酒。さらにアルコール添加率が0%だと純米大吟醸となります。製造過程による分類のひとつで、味わいを指す用語ではありません。

米と米麹だけを原料としたお酒で、こちらも製造過程による分類のひとつ。以前は精米歩合が70%以下という条件がありましたが、現在はありません。

雑味を取り除き、香味のバランスをよくするための「濾過」を行っていないお酒。昔は蔵元でしか飲めない貴重品でしたが、近年は比較的入手しやすくなりました。

酒瓶内の微細な発泡によって生まれる日本酒。シャンパンのようなさわやかな口あたり。発泡日本酒とも呼ばれます。炭酸ガスを後から注入する製造法もあります。

●三段仕込

3回に分けて仕込む一般的な手法で製造された日本酒。さらに米を足して仕込むと四段仕込、五段仕込となります。回数を増やすことで甘み、うま味も増えます。

●本醸造酒

製造過程による分類のひとつ。全体量に対する醸造アルコール量の割合が10%以下、精米歩合が70%以下のものを指します。淡麗な口あたりのお酒が多いです。

●原酒

通常はできあがったお酒に水を加え、アルコール度数を15～16%に調整するところ、それを行わないのが原酒。度数が高めで、濃厚な味わいが特徴です。

●生酛仕込（きもとじこみ）

天然の乳酸菌を取り込みながら、雑菌を駆逐し、純粋酵母を育てる製法。きめが細かく、まったりとした風味。熟成されても安定した味の日本酒になります。

●山廃仕込（やまはいじこみ）

生酛仕込の作業から米をすりつぶす工程を廃止した改良法で、手間と技術を要する技法。味・香りともに濃厚になるため、熱燗に向いているお酒が多いです。

●貯蔵

製造した日本酒を寝かせて、熟成させること。半年から1年程度が一般的で、それ以上長く貯蔵した日本酒は、まろやかでやわらかい味わいになります。

*精米歩合＝玄米に対する白米の割合。精米歩合60%とは、玄米を40%削ること。

3 日本酒の飲み方を知る

同じ日本酒でも温度によって香りや味わいが異なり、さまざまな楽しみ方ができます。

冷蔵庫などで冷やしたお酒を「冷酒」といいます。大吟醸や吟醸酒などすっきりとした味わいと華やかな香りの日本酒は、冷酒で飲むと一層香りが引き立ちます。

20〜26℃の常温で飲む「冷や」は、日本酒の素の味わいが最も分かる飲み方。特別純米酒や純米吟醸など、ややすっきりとした味わいのお酒が向いています。

お燗した日本酒には、温度帯によって呼び方があり、40℃くらいがぬる燗です。ぬる燗は日本酒の香りがよく出るので、純米吟醸がいいでしょう。

50℃くらいまで加熱した日本酒が熱燗。うま味や酸味が多く味のしっかりとした日本酒が熱燗には向いています。純米酒や本醸造酒がいいでしょう。

4 日本酒に合うおつまみを知る

冷酒には冷たい料理、熱燗には温かい料理がおすすめです。甘味のある料理には甘口、さっぱりした料理には淡麗の日本酒、濃い味付けにはコクのあるタイプなど、料理の味わいと合わせると失敗がありません。中華料理には、燗酒や長期熟成酒の相性がいいでしょう。

Tips

枡酒の飲み方：「もっきり」の作法

1. 枡にこぼれるまで注いでもらう

日本酒を出す酒場では、枡にグラスを入れるスタイルでさまざまな銘柄を提供しています。あえてこぼれるほど注ぐ枡酒のスタイルを「もっきり」と言います。

2. まずはグラスから

「もっきり」では、表面張力の限界までグラスに日本酒が注がれます。まずは、グラスから。グラスをそーっと持ち上げ、溢れそうな日本酒を少し枡に注いでから口元に運ぶとスマートです。

3. 枡の酒をグラスへ

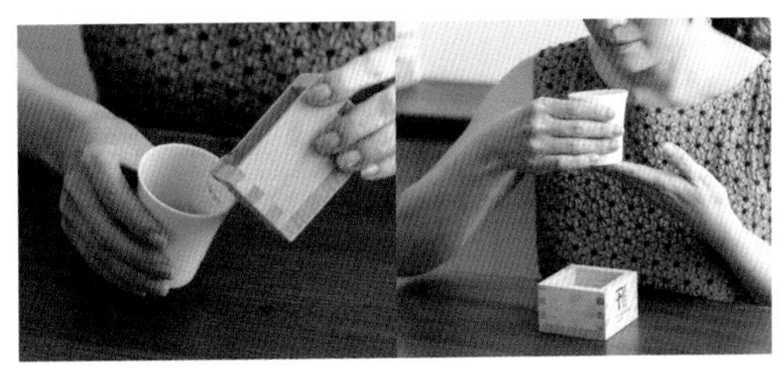

先にグラスの日本酒を飲み切った後に、枡に残っている日本酒をグラスに移し替えましょう。そして、グラスに注いだ残りの日本酒を飲みます。女性はグラスの底に手を添えるといいでしょう。

4. 枡から飲むときは真ん中から

枡酒で日本酒をいただく場合、枡の角ではなく真ん中の部分から飲みます。下唇を縁に付けて飲むとこぼれずに飲めます。角に塩を置いて、なめながら飲むのもオツです。

SANSHIRO KOMIYA
マニアのバチボコ
辛うまアレンジ
達人の食べ方
tatsujinnotabekata
辛うまに
ハマる人
であれ！
三四郎
小宮
×
蒙古
タンメン
中本
三四郎・小宮さんといえば、
芸能界きっての「蒙古タンメン中本」マニア。
辛うまいラーメンの元祖をどう味わっているのか、
バチボコにアツ〜いこだわりを聞いてきました。
マニアお墨付きの食べ方アレンジ3選を紹介します！
MOUKOTANMEN NAKAMOTO

アレンジ1 北極ラーメン×トッピング&半ライス

「すこぶる体調がいいときは、北極ラーメンを頼みます。辛さが10段階あるメニューの中でこれは辛さ9です。でも、熱いスープは辛さが増すから実質10ですね」
激辛好きに人気を誇るレギュラーメニュー「北極ラーメン」。トッピングでチーズ、バター、ほうれん草、クラッシュニンニクを頼むのが小宮さん流。
「バターは溶けるようにスープに浸し、チーズは全体に広がるように……ズルズルッ……ゴホッ！　辛いな（笑）。でも、これがクセになるんです」

Point!

「蒙古タンメン中本」はメニューによって辛さがさまざま。小宮さんは入店前に牛乳を飲み、胃に膜を張るようにするそう。

ゴホッゴホッ！むせるのも中本らしさ

アレンジ2 冷し醤油タンメン × プチスープ（冷し味噌）

「中本初心者に試してもらいたい」
そう小宮さんが言うのは、冷し醤油タンメンにプチスープ（冷し味噌）を追加したもの。辛くないラーメンのレベルが高いのも、人気店たるゆえんです。
「麺を冷し醤油と冷し味噌のスープに交互につけて食べます。自分のペースで辛さに挑戦することができるし、一度にふたつの味を楽しめてお得ですよ！」

アレンジ3 半蒙古タンメン × 半蒙古丼セット

「体調的に北極ラーメンを食べられない日は、スタンダードな半蒙古タンメンと半蒙古丼のセットを注文します。蒙古タンメンを食べた後、残ったスープを蒙古丼に入れるんです。プチスープ（冷し味噌）を追加して、ちょっとずつ辛さを足していくのもいいですよ」

中本ロケはどの食リポより気分がアガる

TRENDY ANGE
S A T
達人の食べ方
週一通いで生み出した
アレンジアイデア3選
丸亀製麺は
フレンチの
フルコース同然！
トレンディ
エンジェル
斎藤
×
丸亀
製麺
丸亀製麺では青ネギや天かすを自由によそって
カスタマイズなんて当たり前。あっと驚くような
食べ方を丸亀製麺大好き芸人に教えてもらいました。
登場するトレンディなお兄さんは……ぺっぺっぺー！
トレンディエンジェル・斎藤さんだぞ！
M A R U G A M
S E I M E N

アレンジ1 かけうどん×野菜かき揚げ×温泉玉子

「見てくださいよ、野菜かき揚げのデカさ。UFOキャッチャー泣かせじゃないですか（笑）。ちょっとした隙間がありますが、私はこの隙間ですらいただいてしまいます」

野菜かき揚げと温泉玉子をかけうどんに盛り付け、出汁しょうゆ、香七味をひとかけ。

「まずはうどんとご挨拶しないとね。ズルッ……ズルズルッ……何回食べても最高。うどんだけで食べるのが前菜、次に温泉玉子をくぐらせてオードブル、最後に野菜かき揚げと食べてメインディッシュ。丸亀製麺のうどんはフレンチのフルコースと同じなんですよ！」

アレンジ2 釜揚げうどん×かしわ天

丸亀製麺のもうひとつの定番メニューが「釜揚げうどん」です。合わせるのは、人気No.1天ぷらの「かしわ天」！

「食べ方の紹介で塩なんて反則ですか？　でも塩を天ぷらにふりかけるだけで、ちょっとした料亭のように高級な気分が味わえるんですよ。それに見てくださいよ、このかしわ天。豪快すぎてまるで鯉のぼりみたい（笑）」

アレンジ3 明太子おむすび×かけ出汁×薬味

最後は、うどんを食べ終えても小腹が空いているときにマネしたい、〆にぴったりなお茶漬け風アレンジです。

「おむすびを出汁に入れてくずすだけ。丸亀製麺のおむすびは握りたてを包装しているから、海苔が米の水分を吸収しています。そのしなしな加減が私にとって絶妙。理想は半くずしくらいですね。ほら、『千と千尋の神隠し』の湯屋みたい（笑）」

店主直伝！
名物「ろかプレート」の味わい方

達人の食べ方
katatsujinnotabekata

齋藤絵理 × SPICY CURRY 魯珈

ブームを超えて定着した感さえあるスパイスカレーは、つくる人や店によってスタイルがさまざま。都内きっての人気店である「SPICY CURRY魯珈」の齋藤絵理さんに、名物メニューの食べ方を教えてもらいました。全部混ぜてこそのスパイスカレー!?

SAITO ERI
SPICY CURRY ROKA

ステップ1 香りを味わう

カレーと魯肉飯（ルーローハン）がワンプレートに盛り付けられたのが「ろかプレート」です。ゆで卵や玉ねぎのアチャール、マスタードオイル高菜、日替わり副菜やサラダも一緒に並びます。スパイスや出汁の華やかな香りを感じてみましょう。

ステップ2 カレーとライスで食べる

ひと口目はスパイシーな味わいをシンプルに楽しみましょう。ふた口目はインド風ピクルスである玉ねぎのアチャールをのせて。玉ねぎの食感と爽やかな酸味で、辛味が少しマイルドになります。

ステップ3 魯肉飯で食べる

ゆで卵をほぐして、豚肉とライスを一緒にいただきます。ある程度味わったら、高菜をのせてみてください。甘辛い豚肉に高菜の塩気がよく合います。

ステップ5 自分好みにカスタマイズする

お好みでアチャールを追加したり、辛味パウダーをふりかけたりしましょう。複雑な味の折り重なりが旨みに変わり、食べ進める手が止まりません！　食後は、ハーブの一種であるフェンネルをひと口。甘みとともに爽やかな風味が広がって、お口直しにもぴったりです。

ステップ4 すべて混ぜる

カレーと魯肉飯を別々に味わったら、すべて混ぜましょう！　旨みがかけ算され、コクが深まります。このかけ算こそスパイスカレーの醍醐味で、齋藤さんは提供時にも伝えているんだとか。

GAKU
OGASAWARA
AKASAKA
MINMIN
達人の食べ方
tatsujin no tabekata
餃子超人が編み出した「餃事四十八手」!?
本職は餃子
趣味は餃子
恋人は餃子
オガサワラガク
赤坂珉珉
餃子愛好家としてメディア出演や商品開発を手がけるオガサワラガクさんには、餃子好きデザイナーのフクナガコウジさんとともに編み出した、「餃事四十八手」という独自の味わい方があるそう。大ファンという「赤坂珉珉」でその一部を教えてもらいましょう!

ステップ1 待ち食い

「できたての餃子は熱くて、肉汁をこぼしてしまうから、3〜5分ほど待ちます。店内に飛び交う中華サウンドを聴きながら餃子に思いを馳せているうちに、味覚が研ぎ澄まされていきます」

最初は調味料をつけずに食べるとのこと。

「まずはそのまま、次に酢コショウでいただきます。珉珉は酢コショウ発祥の店。餃子のタレは、足りない味を足すイメージで使用します」

ステップ2 タンデム

「餃子ってどうしても片面にしか焼き目がありませんよね？　そんなときはふたつの餃子を焼き目が外側になるように持って、一緒に食べるんです。ふたり乗りのバイクを指すときに使う“タンデム”と名づけました（笑）。サクサク感を味わえるので小ぶりでクリスピーな食感の餃子におすすめです」

ステップ3 かけ湯

中華スープ付きのチャーハンを注文したときのアイデアです。

「僕は中華スープに焼き餃子を入れちゃいます。温かいスープに浸って、焼き目がやわらかくなるカリッ、シナッ感が絶妙。スープに脂が溶けて餃子の味もマイルドになるので、すっきり味わいたいときにおすすめです」

ステップ4 ほぐしがけ

「餃子を食べるラー油のようにして味わいます。白米の上で餃子をほぐし、ラー油をたっぷりかけるだけ。カリサク食感とふんわりごはんのマリアージュを楽しむために、焼き目を下にすることが大切です。ごはんに溶けた豚肉の脂やラー油のピリッと感がたまりません」

ステップ5 ワイプ

最後の技は、食べ進めて味変したくなったときが出番です。

「ワイパーのように皿の上のおかずを拭き取ってください。ひだの部分を下にすると、上手に肉餡をすくいあげられます。麻婆豆腐やエビチリ、ホイコーローでやるのがおすすめです」

ソーメン二郎 × 手延そうめん

製麺所の家系に生まれ、「そうめん」の魅力を伝える活動をしているソーメン二郎さんをご存じですか？コシを強く茹でる工夫、氷水で〆るときのNG例、テイスティングのアイデアまで。そうめん研究家に、自宅で簡単にマネできる食べ方を教えてもらいました！

TENOBE SOMEN

ステップ1 麺と一緒に梅干しも茹でる

水を沸騰させた鍋に、ソーメン二郎さんは麺と同時になんと梅干しを投入しました。

「梅干しのクエン酸の効果で、一緒に茹でると麺のコシが強くなります。麺の量にかかわらず、梅干しはひと粒で大丈夫ですよ」

菜箸で混ぜるのは麺を入れた直後、やさしくほぐすためだけ。鍋の中で対流とともに麺が自然と回転していきます。

ステップ2 氷水に浸しっぱなしではNG

麺をざるに移したら、掴んでこすり合わせるようにして30秒ほど水でもみ洗い。油と塩味を洗い流します。

「もみ洗い後のNG例が、氷水でさらしっぱなしにしてしまうこと。麺が水分を吸ってブヨブヨになってしまうので注意してください。水切りは、強い力で麺をざるに押し出すように。職人が手作業で延ばした麺なので、これくらいでは切れません」

ステップ3 手早くセッティング

水気をきちんと切ったら、速やかに皿へ盛り付けましょう。並行して薬味の準備もお忘れなく。

「簡単さがそうめんの魅力なので、薬味も手軽に準備したいもの。シュレッダーバサミなら包丁よりも安全ですし、まな板いらずで洗い物が減るので一石二鳥ですよ。めんつゆは冷蔵庫でしっかり冷やしておきましょう」

ステップ4 テイスティングを忘れずに

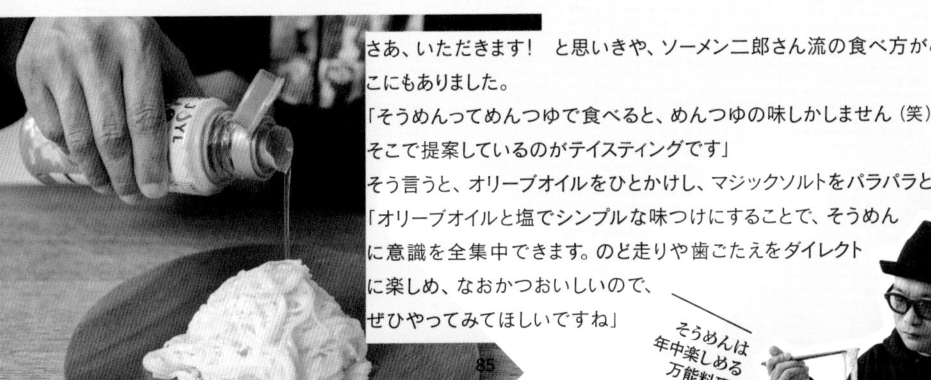

さあ、いただきます！　と思いきや、ソーメン二郎さん流の食べ方がここにもありました。

「そうめんってめんつゆで食べると、めんつゆの味しかしません（笑）。そこで提案しているのがテイスティングです」

そう言うと、オリーブオイルをひとかけし、マジックソルトをパラパラと。

「オリーブオイルと塩でシンプルな味つけにすることで、そうめんに意識を全集中できます。のど走りや歯ごたえをダイレクトに楽しめ、なおかつおいしいので、ぜひやってみてほしいですね」

そうめんは年中楽しめる万能料理！

コラム

お餅の食べ方

お正月には欠かせないお餅。鏡餅をどう食べるか？ 基本的な調理法にコツはあるのか？ 料理研究家の植松良枝さんに、餅の食べ方を基本から教わりましょう。

1 お餅の切り方

包丁を使って切る場合は、普段の料理のように引きながら切るのではなく、上から押し切るようにするとラクに切ることができます。

鏡餅のように切りづらい形状のお餅の場合は、ひと口大に刻んでしまいましょう。それを天日干ししたものを素揚げすれば、あられとしても食べられます。

2 焼き餅

オーブントースターを使うとき、片面がツルツルした加工の「くっつかないアルミホイル」を敷くとお餅が網にくっつかず焼くことができます。お餅にスリットが入っている場合は、焼いている間に切れ目がどんどん膨らみます。菜箸などでお餅の真ん中あたりを刺して、固いところがなければ食べ頃。こんがり焼けた香ばしさがたまりません。

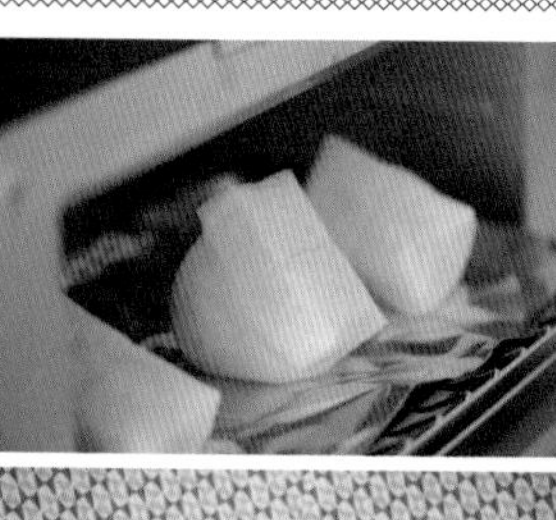

※オーブントースターの種類によって、焼き時間は変わってきます。上の火力が強いときはアルミホイルをかぶせるなど工夫をして焼きましょう。

3 ゆで餅

お餅を4等分にして沸騰した鍋に投入し、弱火で3～4分ゆでたら完成です。電子レンジでも調理でき、タッパーに4等分にした切り餅を入れ、浸るくらいのお水を入れるだけ。温め時間の目安は600Wで1～2分ほど。温めすぎるとドロドロになるので注意しましょう。とろっとしたつきたてのお餅が好きな人にぴったりです。

※冷凍の餅を使う場合、鍋・電子レンジを問わず、長めに温めるようにしましょう。

西洋料理の食べ方

COURSE 2

一流レストランに行く前にチェック！

テーブルマナー

30

西洋料理の食べ方

食事に誘われた会場が一流ホテルのレストランだったら緊張しますよね？　気持ちよく食事ができるよう、最低限の常識は知っておきたいところ。東京・竹芝のホテル インターコンチネンタル 東京ベイのレストラン「ラ・プロヴァンス」で、テーブルマナーの基本を聞いてきました。

1　料理が運ばれるまで

今回伺ったのはイギリス式がベースのテーブルマナーです。まず、入店前にコートを脱ぎましょう。食事中に席を立たないよう、トイレは先に済ませます。レディファーストも忘れずに。入店後はスタッフが椅子を引いてくれるのを待って席に座りましょう。席についたら、飾り皿を鑑賞します。カトラリーはコース料理に合わせて外側から順番に1本ずつ使うのが作法です（左利きの人は、ナイフとフォークを左右持ち替えます）。飾り皿が下げられたら、食事が始まります。

2 コース料理の作法

1. アミューズ　amuse

コース料理の流れを見ていきましょう。まずはアミューズから。アミューズはひと口オードブル（前菜）のこと。シャンパンなどの食前酒と一緒にいただきます。お皿に盛られた一つひとつのアミューズを目でゆっくり楽しみます。丁寧な盛り付けに込められたシェフの想いを感じましょう。写真のサイズのアミューズなら、手で食べてもOKです。

2. スープ&パン　soupe & pain

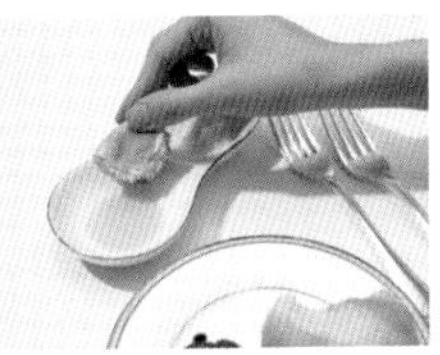

スープのスプーンは常に手前から奥へ。少なくなったら、器の左手前を持ち奥側に傾けます。パンはひと口大にちぎってオリーブオイルや塩につけて食べましょう。聞かれたら、追加を頼んでも失礼にはあたりません。

3. 前菜　hors-d'oeuvre

続いて運ばれてきたのは、冷たい前菜。シマアジのマリネや野菜のテリーヌなどが盛られています。それぞれひと口大に切ってからいただきましょう。クスクスなど、細かい素材の料理はフォークの背にのせて。これはイギリス式の作法だそうです。
冷たい前菜と温かい前菜が混ざったひと皿を提供された場合は、冷たいものから食べはじめ、温かいものへと移っていきましょう。

4. 魚料理のメイン　poisson

次は、魚料理のメインです。この日に供されたのはスズキのソテー。ベアルネーズと呼ばれるフランスの伝統的なソースがかかっています。ここでもカトラリーは外側から手に持ちましょう。身の部分を左側からひと口大に切っていただきます。魚料理の場合、ソーススプーンという平たいスプーンが出てくるケースもあります。その際は、ソーススプーンをナイフ代わりに使ってください。

5. 肉料理のメイン　viande

続いて、肉料理のメイン・豚肉のローストが登場。肉料理は、左側からひと口大にカットしていただきます。その際、ナナメにナイフを入れるのがコツ。添えられた野菜もひと口大に切っていただきましょう。肉料理を食べ終えると、そろそろお腹も満たされてきたのではないでしょうか？

6. デザート&コーヒー　dessert & café

デザートはスプーンとフォークを使います。食後のコーヒー・紅茶はプチ・フルールという小さなお菓子と出されます。角砂糖は、スプーンにのせて入れましょう。熱い液体を冷ますとき、息を吹きかけるのはNG。これでコース料理は終了です。

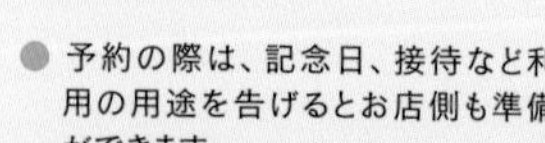

一流レストラン

- 予約の際は、記念日、接待など利用の用途を告げるとお店側も準備ができます。
- 予約の際は、参加するメンバーのアレルギー、宗教上の制限などを伝えましょう。
- コース料理中の離席はNGです。料理人は完璧な状態でテーブルに料理を運べるように準備をしています。食事中にトイレに立つのは最小限に留めるよう、事前に済ませておきましょう。

3 ワインの作法

フレンチはワインとともに楽しみます。最初の乾杯はシャンパンやスパークリングワインが定番。ワイングラスやシャンパングラスは、ステム（脚）の部分を指先で持つのがいいでしょう。これは手の温度をグラスに伝えないためです。乾杯の際は、高価なグラスを傷つけないように、グラスをぶつけず、軽く上に掲げます。ワインのセレクトはホストやソムリエに任せて大丈夫です。肉料理には赤ワインなど、コースメニューに合わせて、グラスでさまざまなワインを楽しむのもいいでしょう。

4 カトラリーのサイン

左写真のように、お皿の上に「ハの字」に置くと食事中のサイン。右写真のように、ナイフとフォークを揃えて置くと食事終了のサイン。フランス式は3時、イギリス式は4時の位置に揃えるのが作法。ナイフの刃は内側に、フォークは上向きに置きましょう。

5 ナプキンの使い方

Point!

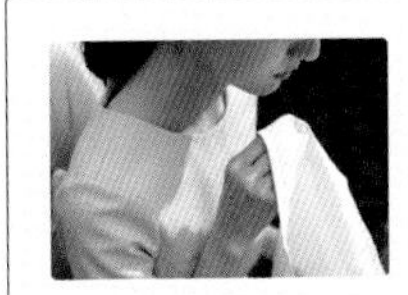

口を拭う際は、汚れを見せないように、ナプキンの内側を使います。

ナプキンは、料理が運ばれる前に膝下に広げます。片側を少し長く、ふたつ折りにして、輪のほうを手前にして膝にかけます。

のマナーのまとめ

- 食事中のスマートフォンの使用やカメラのフラッシュ使用はNGです。
- スマホで料理の写真を撮る際は、ほかのお客さまが映り込まないように注意をしましょう。
- 会計の際は、テーブルチェックか会計カウンターでの支払いか、事前に確かめておきましょう。
- 接待の際は、食後に席を外し、入口などで会計を済ませるのがスマートです。

31

ハンバーガー

上から押さえて2等分が正解！

西洋料理の食べ方

プレートに具が並べられて提供されるハンバーガー。日本ではラッピングペーパーに包んでかぶりつくイメージが強いですが、本場のアメリカではナイフとフォークで器用に食べる人を見かけます。スマートに食べる方法をハンバーガー専門店「フランクリン・アベニュー」に教えてもらいました。

1 端を食べて味を確認

まずはハンバーガーの味見をしましょう。ナイフを使ってパテの端を切り、ひと口パクリ。ここで塩加減や焼き具合を確認して、どんな調味料を使うか計画を立てます。お店こだわりのパテやソースの味を台無しにしないのがエチケットです。

2 自分好みに味付け

味見をしたらケチャップやマスタード、塩、コショウなどを使って好みの味付けをします。その後、添えてある野菜やチーズなどの具材をナイフとフォークを使ってパテの上に重ねていきます。

3 手で押さえて2等分に切る

具材を重ねたらそのままガブリ！ といきたいところですが、グッと我慢。スマートに食べるためにハンバーガーをナイフで2等分に切ります。このとき、具材がズレないように上から手でしっかりとバンズを押さえつけましょう。そして、左手の人差し指と親指の間にナイフを入れて、一気に切り込むのがポイントです。ケチャップやマスタードなどのソースで具材が滑りやすくなっているので、崩れないように要注意です。

4 半分ずつ食べる

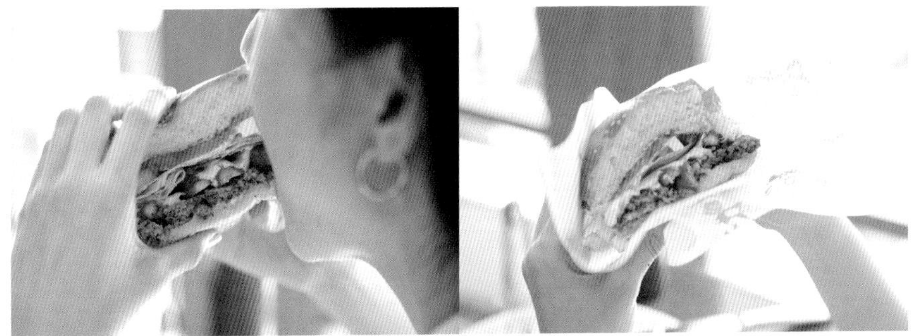

2等分にしたら半分を両手で持ち、豪快にガブリと食べましょう。ホールド感が高まり、崩れにくくなります。きれいに食べられる自信がない人は、丸ごと包めるラッピングペーパーを頼んでもOKです。

お皿に垂れた肉汁やソースはバンズにつけていただきましょう。欧米人には、ハンバーガーをすべてナイフとフォークで食べる人もいるほど。海外では、ラッピングペーパーは基本的に出てこないので、練習しておく価値はありますよ！

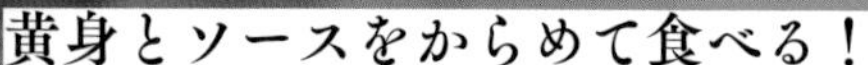

エッグベネディクト

32

西洋料理の食べ方

おしゃれブレックファストの定番といえば、エッグベネディクト。スマートに食べたいけれど、半熟のポーチドエッグがぐちゃぐちゃな見た目になってしまいがち。そんなエッグベネディクトを上手に食べて、優雅な朝のひと時を過ごすべく、あの「Eggs'n Things」にコツを聞いてきました！

1 まずは豪快に半分に

マフィンにのったホウレン草とベーコン、そして半熟の黄身が詰まったポーチドエッグ。最初にどうナイフを入れるべきか悩みますよね。しかし、そこはシンプルに。まずは大胆にマフィンとポーチドエッグをまっぷたつにします。
とろっと溢れる半熟卵の黄身を前にためらってはいけません。落ち着いてナイフで黄身をせき止めれば、マフィンや具材に絡まるので、皿の上が意外とぐちゃぐちゃにならずに済みますよ！　焦りは禁物！

Point!

ハムやベーコンの代わりにサーモンがのる「シーフードベネディクト」や、コンビーフがのる「アイリッシュベネディクト」など種類はさまざま。どんな食材でも、カットしながら卵と絡めるのがコツ。

2 ひと口サイズにする

半分にしたら、今度はひと口サイズに切っていきます。先ほどと同じように大胆にカットしましょう。マフィンを上手に切るためには、ナイフを前後に動かしてください。手前に引くタイミングで力を入れるとやりやすいです。重要なのが、フォークでしっかり料理を押さえること。細かくカットしようとすると、マフィンの上の具材がどうしても崩れやすくなっていきます。注意しながらお好みのサイズにしていきましょう。

3 黄身をからめて食べる

食べるときはフォークを使って、マフィン、ホウレン草とベーコン、ポーチドエッグを一緒に刺します。マフィンを皿の上に滑らせて、溢れた黄身やオランデーズソースをからめることを忘れずに。皿の上をきれいにしながら食べ進めるのが醍醐味ですよね！

4 ポテトも黄身にからめる

付け合わせのポテトを食べるときも、皿の上のソースとからめれば無駄なく完食できて見た目もきれいです。〝からめて食べる〟というのがポイント。ポテト含めエッグベネディクトは味付けがしっかりされているので、あとから調味料を加えなくても満足感はばっちりでした！

生地をくるくる巻くのがコツ！

ガレット

西洋料理の食べ方

33

フランス・ブルターニュ地方の郷土料理であるガレットは、そば粉の生地で卵やハム、チーズを包むのが定番。クレープのような見た目ですが、初めてだとどこから手をつければいいのか迷ってしまいます。ガレット専門店「ル ブルターニュ」に聞いた、おいしい食べ方をご紹介します！

1 生地そのものを味わう

まず、ガレットの生地の隅を少しだけ切って、生地そのものの味を楽しみます。口いっぱいに広がるそば粉の香ばしい風味を感じましょう。冷めてしまうと生地が硬くなって切りづらくなるので、出されたら早めに食べてください！　人によっては最初に四隅すべてを切って食べることも。

2 バターを塗り広げる

バターを生地全体に塗り広げます。フランスでは無塩バターを使うのが一般的ですが、ブルターニュ地方の人たちは有塩バターを使うそうです。バターの塩味が生地のうま味をより引き立ててくれます。お店によっては、生地のふちに既にバターが塗られた状態で提供するところもあるそうです。

3 黄身をつけて食べる

ガレットに入っている目玉焼きを崩します。半熟の黄身がとろりと溢れて、食欲がそそられます。ガレットの生地をつけて味わいましょう。そば粉の風味が黄身の甘みに溶けていきます。

4 サラダと一緒に

黄身をからめて濃厚な味を堪能したら、お口直しをしたいところです。おすすめは添えてあるサラダと一緒に食べること。野菜のみずみずしさやシャキシャキ食感が口の中をさっぱりさせてくれます。もちろん、ガレットとの相性も抜群です。

5 巻いて食べる

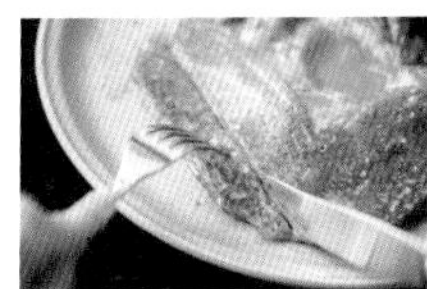

写真のようにガレットの端を細長く切り、サラダを少量のせて、折りたたむように巻いて食べると、バランスよく味わうことができます。そのまま黄身につけて食べてもよし！　これは教えてもらわないと味わえませんね。

6 ガレットとシードルはセット

ガレットにはリンゴを使った微発泡酒「シードル」を合わせるのが一般的です。本場ブルターニュでは、シードルとともに前菜＋ガレット＋甘いクレープが基本の流れ。デザートのクレープまで味わって、はるか遠くの地であるブルターニュに想いを馳せましょう！

西洋料理の食べ方

くるくると丸めれば溢れ出るうま味！

イタリアンピッツァ

34

友達や家族と集まってワイワイしながらシェアしたいイタリアンピッツァ。最近は、本場のスタイルで提供してくれるお店も増えています。ナイフとフォークを使ったイタリア式の食べ方を東京・恵比寿の人気店「アンティーカ ピッツェリア ダ ミケーレ」で教えてもらいました！

1 4等分に切る

本場イタリアでは、ピッツァがカットされずに出てくるのが一般的です。テーブルに出されたら、ナイフとフォークを使って自分でカットします。シェアする人数や取り皿の大きさにもよりますが、スタッフのおすすめは4等分の大きさだそうです。今回は4等分に切った後、取り皿の大きさに合わせてさらに8等分にしました。

2 取り皿に移して食べる

切ったピッツァをスライドしながら自分の取り皿に移します。サッと動かしてください。取り皿に移したら、ナイフとフォークでひと口サイズにカットします。本場イタリアでは、このように最後まで手を使わずに食べる人が多いのだとか。

3 細長く切ってくるりと丸める

次に紹介するのは、少し上級者の食べ方。まずは4等分にカットしたピッツァを、さらに短冊状に細長く切ります。ピッツァといえば放射状にカットした形のイメージしかなかったので、この切り方は斬新でびっくり！　これは教えてもらわないとわからない方法ですね。
生地を細長くカットしたら、ナイフとフォークを使ってくるくると丸めます。ひと口でパクリと食べると、もちもち生地に包まれたモッツァレラチーズとトマトソースが、噛むたびに口の中で溢れ出します。くるくる巻き、おそるべし。

4 チリオイルで味変

食べ進めたら、一緒に運ばれてきたチリオイルで味変しましょう。ピリッとした辛味が、モッツァレラの芳醇な風味にアクセントを与えてくれます。もちろん手で食べてもOKです。豪快にかぶりつくのもピッツァの醍醐味ですよね！

5 耳だけ残す食べ方も？

最後は番外編。まず、ピッツァの耳だけを残し、トマトソースが塗ってある部分だけを食べます。その後、残した耳はひと口サイズに切り分けてチリオイルにディップ！　前菜などのソースにつけてもいいですね。こうすれば、お皿がきれいな状態でフィニッシュすることができます！

ゆっくりと時間をかけて楽しむのがスペイン流！

パエリア

西洋料理の食べ方 35

パエリアとは、底が浅い鍋に、バレンシア米と具材を入れたスペイン風の炊き込みごはんです。スペイン人は休日になると、パエリアを中心に食卓を囲むことが多いのだとか。専門店「チリンギート エスクリバ」で聞いた、ゆっくりと時間をかけて楽しむスペイン流パエリアの食べ方を見ていきましょう！

1 お酒を飲みながら待つ

パエリアは直火でじっくりと炊き上げるので、でき上がるまでに時間がかかります。待っている間はタパス（小皿料理）をつまみながら、サングリアなどのお酒を楽しみましょう。シーフードとローズマリーの香りが漂えば、炊き立てパエリアの登場です！

2 木のスプーンでいただく

まずは、ローズマリーを取り出します。スペイン人は食事を2～3時間かけて楽しむので、パエリアは冷めてもおいしさを保てるようにできているのだそう。鉄のスプーンだと味が変わってしまう恐れがあるため、木のスプーンを使うのが基本。ローズマリーに木のスプーン、スペイン人は「香り」を大切にしていることがよくわかりますね。

3 シーフードを味わう

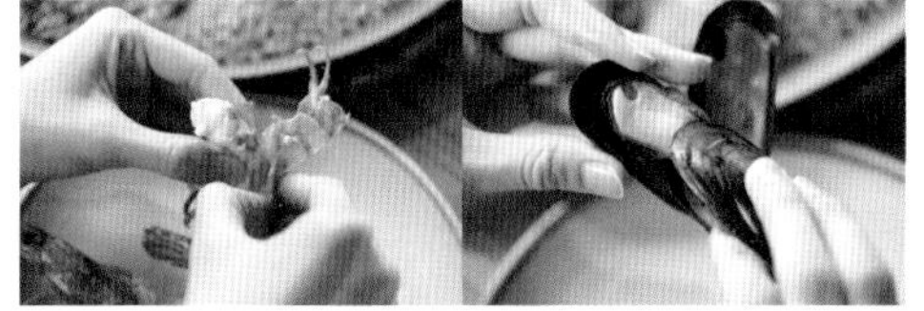

エビなどのシーフードは手で食べましょう。エビの頭や脚などは豪快にむしり取ってOK。ムール貝の身はフォークを使ってもいいですが、空になった貝殻で身を挟んで食べると、ちょっとかっこいいかも？

4 味変は自分の分だけ

パエリアの味変には、アイオリソースとレモンを使います。アイオリソースは自分の食べるところだけにかけて食べましょう。取り皿にパエリアを移して、そこにソースをかけてもいいですね。レモンもソース同様に、自分の食べる分だけにかけます。レモンを搾るときは、皮側を下向きにすると、よりレモンの香りが立つんだそうです。

5 お焦げは最後の楽しみ！

パエリアの醍醐味が「お焦げ」です。魚介のうま味がぎゅっと凝縮されたお焦げは絶対に残すわけにいきません！　最後にはヘラを使って食べましょう。

Point!

海や山の食材が豊富に盛り付けられるパエリアは、お酒とも相性抜群。食前から中盤にかけてはワインを中心に、その後はシェリーなどの強めの食後酒にトライするのがおすすめです。

36

西洋料理の食べ方

ケンタッキーフライドチキン

KFC広報担当者に聞いた公式の食べ方

老若男女幅広い世代を虜にしているKFC。オリジナルチキンは最高においしいけれど、気になるのは食べ方。「汚いと思われてないかな!?」と思わず気にしてしまうこともあるはず。そこで日本ケンタッキー・フライド・チキン株式会社の広報CSR部で、KFC公認のチキンのきれいな食べ方を聞きました！

1　5つの部位を知る

【注意】オリジナルチキンの部位指定はできません。

KFCのオリジナルチキンは、キール（胸）、リブ（あばら）、サイ（腰）、ウイング（手羽）、ドラム（脚）の5つの部位に分かれています。写真のように、1羽の鶏から9ピースを取ることができます。

キール［胸］

鶏肉の部位で最もヘルシーで、かつボリューム満点のささみを含む胸の部分。やわらかく、あっさりしたおいしさ。

リブ［あばら］

一番骨が多いあばらの部分。深みのあるうま味があります。脂身は少ないので、意外とあっさり食べられるでしょう。

ドラム［脚］

持ちやすい形状から子どもに大人気！他の部位より鉄分量が多く、味にコクがあり、脚先の軟骨まで食べられます。

ウイング［手羽］

濃厚な味わいの手羽とさっぱりした胸肉の2種類が味わえるお得な部位。特に手羽先はコラーゲンが豊富。

サイ［腰］

5つの部位で最も脂身が多い。プリプリとした肉質で、しっかりとした食感を楽しむことができます。

2 キール[胸]の食べ方

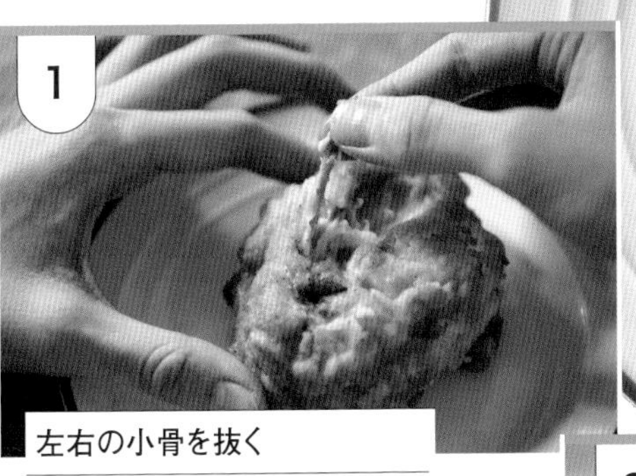

左右の小骨を抜く

キールには小骨とヤゲンと呼ばれる軟骨があるだけで、あとはほぼ肉。まず、衣からやや透けて見える左右の小骨を抜き取ります。

ヤゲン軟骨を抜く

次に、真ん中にある軟骨を抜き取ります。現れたのは、ヤゲン軟骨。焼鳥でもおなじみです。

身を半分に

軟骨を抜いた場所を中心にして、肉を半分にしましょう。こうすると食べやすくなります。もう骨はどこにもありません。

あとは食べるだけ

そのままスマートに食べるだけ。細かい骨がないので、パクパクといけちゃいますね。ヤゲン軟骨の白い部分も珍味です。

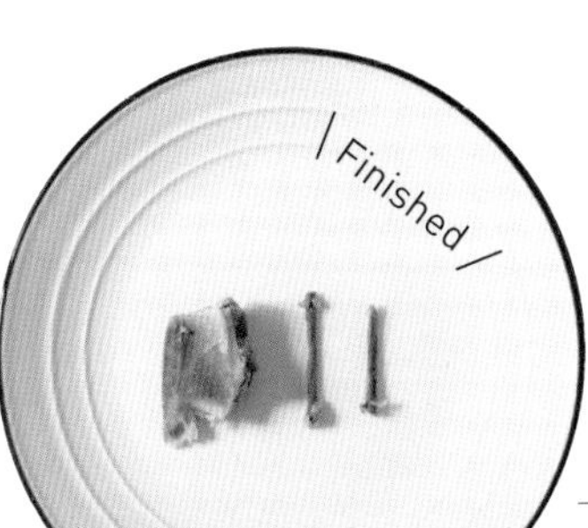

3 リブ[あばら]の食べ方

ささみを分ける

まずはチキンを両手で持ち、あばらの部分と胸側のささみ部分を分けます。骨がある部位、ない部位と考えるとやりやすいです。写真は左手側がささみ部分。

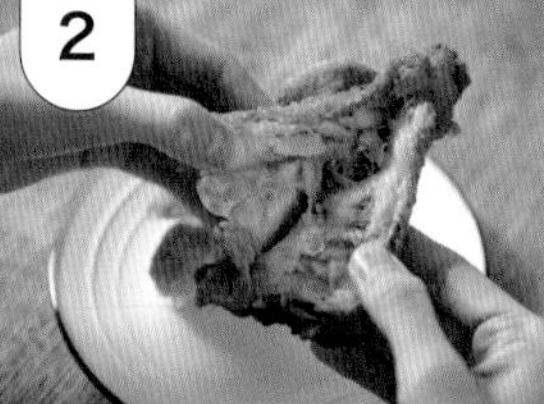

あばら肉を2枚に

次にあばら肉を両手で持ち、骨の周りの肉をはがして2枚に分けます。上下に開くイメージで、ためらわずに分けちゃいましょう。写真は右手側にあばら骨が付いている状態です。

3つのピースに

これまで分けてきた3つの部位を並べるとこうなります。一番左がささみ、中央があばら肉の皮側、右があばら肉の骨側です。マニアックになってきました……。

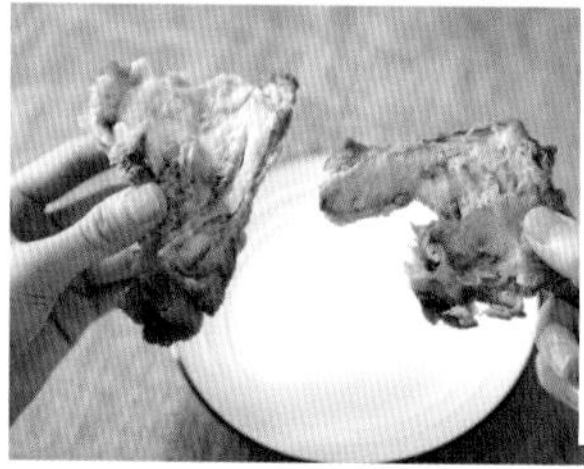

骨はしゃぶってOK

左側のささみ部分は骨がないのでそのままパクリ。右側のあばら肉は、少しずつバラして、骨ごとしゃぶっていきましょう。小さなあばら骨にもスパイスが染み込んでいて絶品!きれいに食べ終わると、まるで発掘現場のようですね!

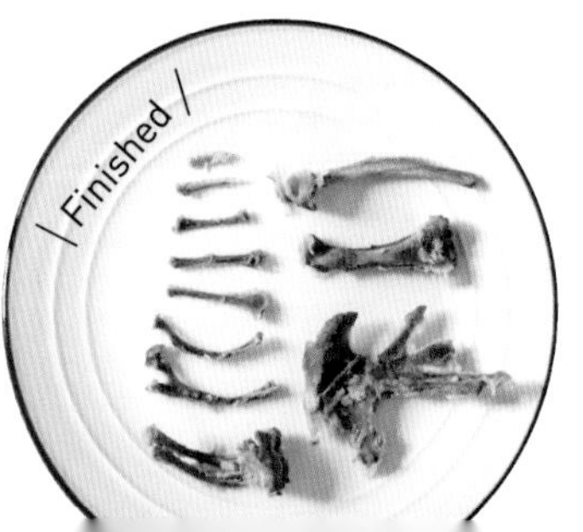

4 サイ[腰]の食べ方

Point!

大腿骨（太ももの骨）は一番太い骨です。三角形にも見えるサイですが、角の先にあるゴツゴツした太い骨を探しましょう！

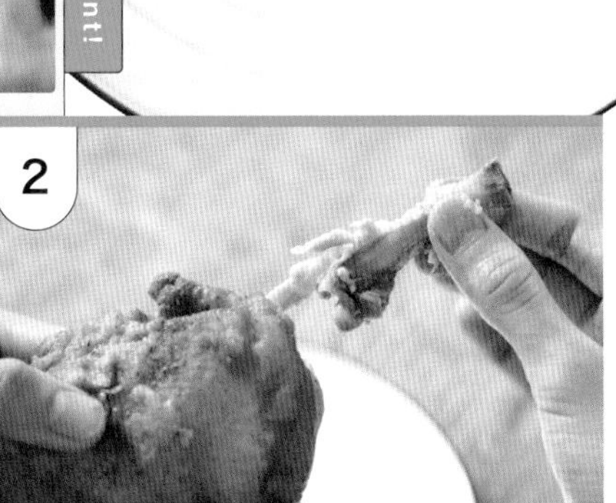

大腿骨をひねり抜く

大腿骨を見つけたら、左手で残りの肉をホールドし、右手で抜いていきましょう。ポイントは、"ひねりながら"抜くこと。それなりに力がいりますが、ゆっくりやれば大丈夫です。

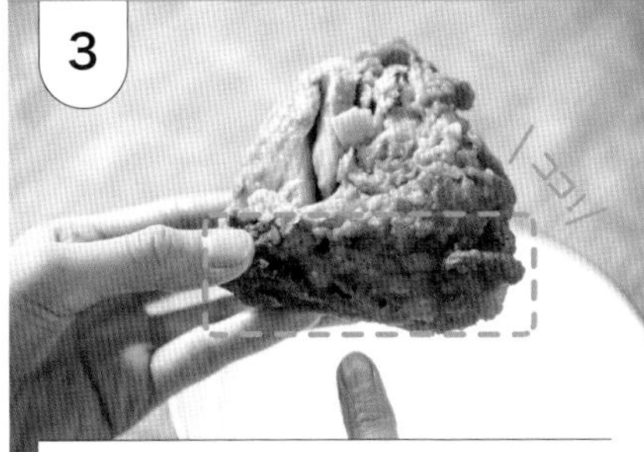

背骨を確認

太かった大腿骨を抜いたら、今度はチキンを裏返します。もうひとつの骨にあたる背骨の位置を確認。写真で指差した、真横にまっすぐ通っている部分が背骨です。

背骨の両端を持って

背骨の位置を確認したら、骨の両端を左右の手で持ってパクリ。背骨以外の骨はないので、残った肉はすべて食べられます！ 食べ終えると、左写真のように。左が背骨、右が大腿骨です。背骨周辺に残った内臓も実は珍味です。

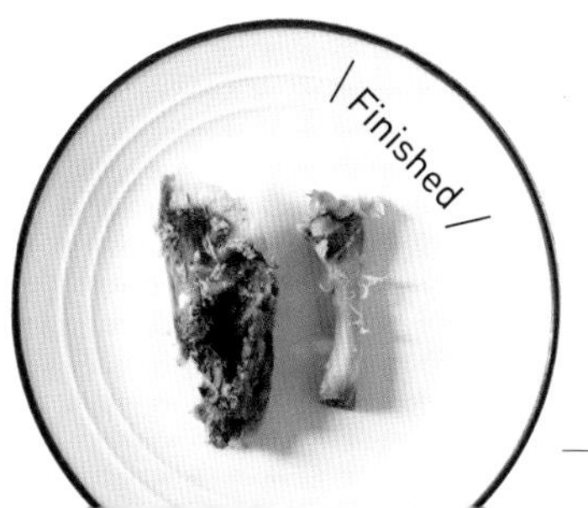

5 ウイング［手羽］の食べ方

手羽先の骨を抜く

特徴的な形をしているウイングですが、まずは手羽先にあたる部位の邪魔な骨を抜きます。ひねりながら引っ張るとやりやすいでしょう。左写真の左手で持っている部分は胸肉です。

ふたつに分ける

骨を抜いたら、左側の胸肉部分と右側の手羽部分に分けましょう。チキンのちょうど真ん中あたりを折れば、簡単に分けられます。

そのままガブリ

胸肉の部分は骨がないので、そのまま食べちゃいましょう。歯ごたえがあって、噛むたびにジューシーさが際立ちます。

さらに3つに分ける

次に残った手羽側を3つのピースに分けます。左側が手羽先、右側が手羽元になります。さらに細かく言うと左下が手羽中、左上が手羽端と呼ばれています。

まずは手羽先

残った骨を持って手羽先から食べていきましょう。骨を持って肉をかじれば、簡単にスルリ！ 手羽先唐揚げを食べるときと同じ要領だと思ってください。手羽端も食べられるので、忘れずに！

手羽元もガブリ！

次に手羽元。こちらも骨の周りにかぶりつきましょう。骨の両端の軟骨もすべて食べられます。悪戦苦闘したウイングも最後はこの通り。

6 ドラム［脚］の食べ方

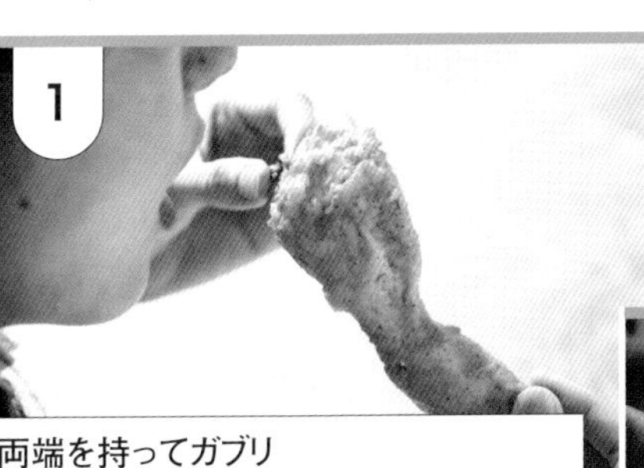

両端を持ってガブリ

こちらは説明不要です。骨の両端を持って、ためらわずガブリといきます。ナプキンで包んでもOKですが、皮部分のスパイスがもったいないという人は手でいきましょう！

2

軟骨も珍味

脚先の関節部分の軟骨も食べられます。軟骨ならではのコリコリ食感がたまりませんね。残る骨はこれだけ！ ごちそうさまでした！

コラム

スプーンとフォークでおしゃれにサーブ!

サラダの取り分け方

店員さんがスプーンとフォークでサラダを取り分ける姿に憧れたことはありませんか? フレンチビストロの「ル・リオン」にコツを聞いてきました!

1 下の指3本でスプーンをホールド

シェアするタイプのサラダが運ばれてきたら、ホスト側がサーブするのが基本的なマナーです。スプーンを利き手に取り、薬指を上にして、中指と小指で挟むように支えます。このとき、人さし指は写真のようにスプーンの柄に軽く添えておきましょう。

2 人さし指と親指でフォークを持つ

次に残りの親指と人さし指でフォークを持ちます。スプーンが下なのは、ドレッシングやスープなどもすくえるから。どちらが上でなければいけないというルールはありません。今回はサラダですが、パスタなどの場合には、フォークを裏返して持つといいそうです。

3 下の指3本を動かして取り分ける

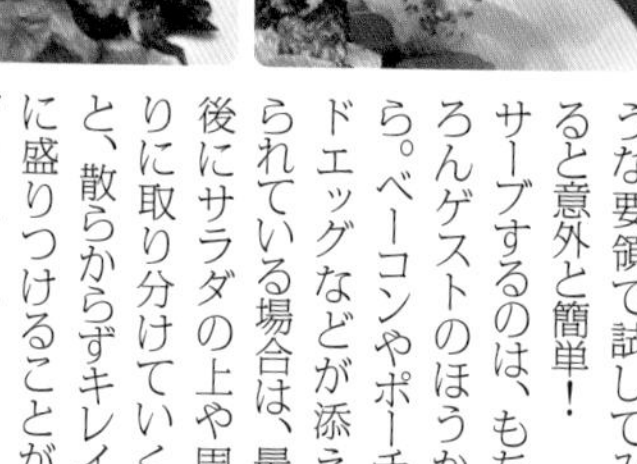

取り分けるときに動かすのは、スプーンを支えている下の3本の指のほうです。上のフォークは動かさずに押さえる程度でOK。お箸のような要領で試してみると意外と簡単!

サーブするのは、もちろんゲストのほうから。ベーコンやポーチドエッグなどが添えられている場合は、最後にサラダの上や周りに取り分けていくと、散らからずキレイに盛りつけることができますよ。

エスニック料理の食べ方

COURSE 3

エスニック料理の食べ方

包む具材は縦列駐車!?

北京ダック

37

中国では特別な日だけでなく日常的に食べられている北京ダック。日本人にはあまり馴染みのない料理なだけに、どうやって食べるのかわからない人も多いはず。本場仕込みの料理人が腕を振るう「中国茶房8」で現地の食べ方を教わってきました。

1 早めにオーダー

北京ダックは出てくるまで20〜30分時間がかかります。席についたら早めにオーダーして、ビールなどと一緒にザーサイのようにすぐ出てくる前菜を食べながら待つのが中国の人たちの流儀です。

2 ひと切れ目は主賓へ

焼き上がったダックは店員さんが切り分けてくれます。1羽だいたい3〜4人前で、メインディッシュとしてひとり3〜4切れを食べるのが中国人の感覚なのだとか。最もおいしい部位とされるひと切れ目は主賓へ取り分けましょう。

3 具材は縦方向に並べる！

大きめの鴨餅（ヤービン）を手のひら、またはお皿に広げます。ネギとキュウリ、ダックを鴨餅の上半分に縦列駐車するように並べ、その下に揚げワンタンをのせますが、欲張って具材をのせすぎてしまうと、最後きれいに巻けなくなってしまうので注意しましょう。タレは、甜麺醤（テンメンジャン）が基本ですが、こちらのお店では、辛口味噌、レモンとハチミツの3種類のタレが用意されています。タレをかけるときは具材に沿って縦にかけると見栄えがよくなり、手が汚れません。

4 長方形になるように巻く

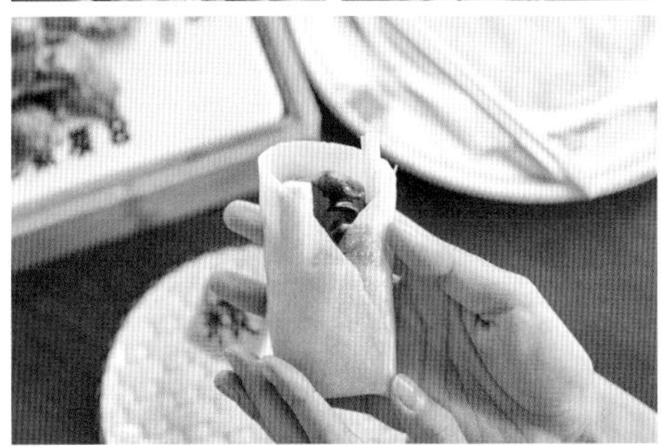

具材とタレをのせたら鴨餅を巻いていきます。まず鴨餅の下半分を、具材に布団をかけるように折りましょう。具のわきをギュッと押して、しっかりとくっつけるのがポイント。次に左右から巻き込みますが、このときに鴨餅を強めに引っ張って巻きます。最終的に全体が長方形になると◎。あとは上からガブリと3口くらいで食べましょう。

5 残ったお肉はスープや炒め物に

最後に残ったお肉を使って鴨ガラスープと野菜炒めを出してくれます。ここまで楽しむのが、北京ダックのコース。1羽の北京ダックでいろいろな味の料理が食べられて、贅沢な気分になれること間違いなしですね！

エスニック料理の食べ方

38 中国火鍋

2色のスープで肉から〆までを堪能！

女性に大人気、中国のアツ〜いご当地料理である火鍋。ぐつぐつと煮込んだ状態の鍋に、肉、海鮮、野菜などのお好みの具材を入れていただきます。本場の食べ方を「中国火鍋専門店　小肥羊（しゃおふぇいやん）」で教えていただきました。

1　スープを選ぶ

マイルドな鶏のうま味の白湯（パイタン）スープと、唐辛子や四川山椒でヒリヒリと辛い麻辣（マーラー）スープの２種類から選びます。おすすめは同時に２種のスープを楽しむこと。スープには、ニンニクやクコの実、ナツメなどの薬膳スパイスがたくさん入っていて健康や美容に効果があります。グツグツと煮込み続けると、湯気と一緒にスパイスの香りが漂ってきて、食欲にも火がつくはず！

2　ラム肉を入れる

スープが沸騰したら、ラム肉をひと切れ取って鍋でしゃぶしゃぶ。ラム肉は脂肪になりにくいため、健康やダイエットにピッタリな肉なんです。スープの味がラム肉の独特な臭みを消してくれて、肉の芳醇さを存分に味わえます。

3 野菜を入れる

肉を味わったら、野菜などの具材を鍋に入れていきます。キャベツに豆腐にキクラゲと、どんどん入れていきましょう。

具材を入れたあとで、再びラム肉を投入。鍋が2種類に分かれていると、辛さとマイルドさを交互に楽しめていいですね。

4 つけダレで味変

鍋をひと通り楽しんだところで、つけダレを使って味変タイム。今回は人気のつけダレの、ゴマだれ、ニンニクゴマ油、パクチーの微塵切りの3種類を頼みました。
ゴマだれを麻辣スープにかけるとゴマの香りとマイルドさが加わり、坦々麺風味に変身。さらにパクチーをのせると、一気にエスニックな味になります。
白湯スープにはニンニクゴマ油を入れて、味にアクセントをつけます。

5 麺とごはんで〆る

麺とごはんを入れる前に、鍋に残った具材と薬膳スパイスはすべて出し、出汁スープを入れてもらいます。追加で頼んだ中華麺は麻辣スープに、セットでついてきたごはんは白湯スープに。ごはんには卵を入れて、雑炊にしても◎。もちろんつけダレをかけて、自分好みに自由に食べてOKですよ。

ディープな羊肉料理の世界を堪能！

ガチ中華

エスニック料理の食べ方 39

最近話題の「ガチ中華」をご存じですか？ これは本場そのままの味を楽しめる中国料理のこと。その代表格と呼ばれるのが羊肉料理です。東京・秋葉原の「香福味坊（こうふくあじぼう）」で、初心者向けの羊肉料理の楽しみ方を聞いてきました！

1 冷菜

「羊胃袋の自家製ラー油和え」（左）は羊の胃袋を2～3時間煮込み、自家製ラー油で和えた料理です。「羊肉の煮こごり」（右）は羊肉を牛のアキレス腱と一緒に長時間煮込み、煮こごり風に仕上げたもの。冷菜は甕出し紹興酒と一緒にいただきましょう！

2 点心

「焼き羊肉焼売」は、粗挽きにした羊肉にスパイスを加え、自家製の皮で包んで焼いた逸品です。こちらはクミン系のスパイスの下味がついているので、そのまま食べます。

3 焼烤・炸

焼いた肉は中国語で「焼烤（シャオカオ）」。やわらかい羊の骨付きもも肉を特製の野菜ペーストでマリネし、専用の窯でじっくり焼き上げた「羊肉のもも焼き」を注文。クミンを少量かけていただくのが王道の食べ方。

揚げた肉料理を中国語で「炸（ジャー）」と呼びます。羊スペアリブの香り揚げ」（左）と「羊肉の串揚げ」（右）。前者は、香辛料の効いた中国風の煮汁でじっくり煮込んでから揚げたもの。骨の部分を指でつまんでそのままガブリ！

4 煮菜

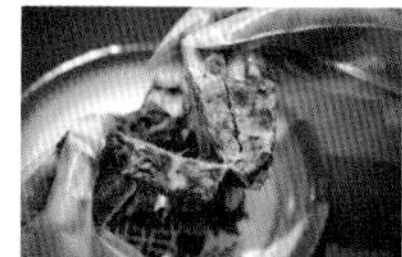

ゆでた肉は中国語で「煮菜（ジューツアイ）」。
写真は骨付きの羊あばら肉を使った「骨付きゆで羊肉」です。添えてあるのは、発酵ニラだれ（左上）と発酵唐辛子醤（左下）。
2時間ゆでることで、手でほぐせるほどのやわらかさになった肉を、備え付けのビニール手袋を付けてほぐしていきましょう。食べるときは、各自があばら骨を持って、お好みの調味料をつけて。これは中国の白酒（バイチュー）にもぴったり！

5 〆の羊肉麻婆豆腐

〆料理はお店名物「羊肉の麻婆豆腐」。花椒が効いた辛い麻辣ソースに、豆腐と羊肉をたっぷり加えて仕上げた逸品。ゴロゴロの羊肉の食感と鼻に抜ける花椒の香りがたまりません！

「香福味坊」では、これらの羊肉料理をナチュール系のワインと合わせていただけます。ガチ中華とワインの組み合わせもおしゃれです！

王道はアツアツをそのままパクリ!

小籠包

エスニック料理の食べ方

40

モチッとした皮とジューシーな肉汁がやみつきになる人気点心、小籠包。でも、いざできたてを食べようとすると、「肉汁が熱すぎて食べられない……」という経験をしたことがある人は多いのでは? アツアツな小籠包の上手な食べ方を「餃子百珍 一味玲玲」で教わりましょう!

1 まずはなにもかけないで

「一味玲玲」の小籠包は、餡に味が付いているので、タレなどをつけずにそのままいただきます。皮が肉汁を吸いやすいので、出てきたらすぐに食べましょう。

2 箸で持ち上げてそのまま口へ

アツアツの小籠包は、そのままひと口で食べるのが王道とのこと。レンゲの上に小籠包をのせてしまうと、温度が20℃も下がってしまうそうです。できたての状態を食べるには、やはり箸で持ち上げてそのまま口に運ぶしかありません!

3 てっぺんをかじる

肉汁をしっかり味わいたい！ という人は、最初に小籠包のてっぺんを少しだけかじり、そこから肉汁を吸いましょう。これなら肉汁もこぼれないし、温度調節もできますね。何もかけずに食べることをおすすめしていますが、黒酢との相性も抜群です。

4 レンゲを使う

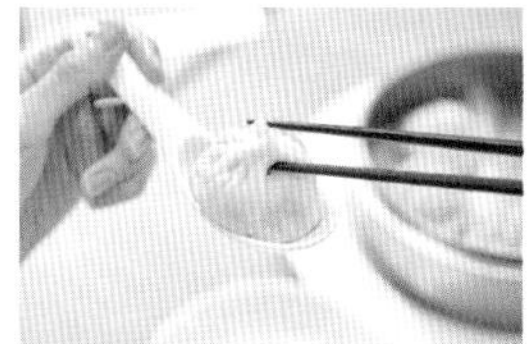

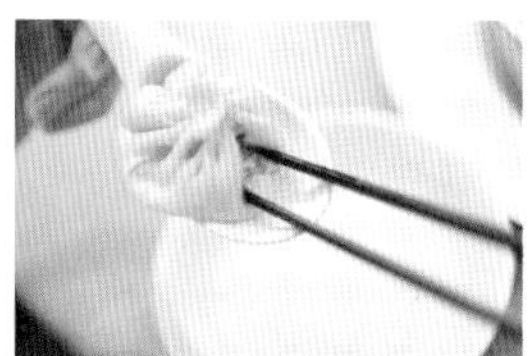

口の中をヤケドしたくないという人は、もちろんレンゲを使って食べてもOK。レンゲにのせた小籠包の皮を少しだけやぶり、肉汁をレンゲに出します。こうすると熱が外に逃げ、食べやすい温度に。

レンゲに出した肉汁を味わいます。ちょっとお上品な感じもしますね。

5 黒酢をかけても OK

味にアクセントがほしい人は、少しだけ黒酢を垂らすのがおすすめです。味が大きく変わってしまわないように、垂らす際はしっかり調節しましょう。刻みショウガが一緒に出てくるお店もあるので、その場合はショウガに黒酢をつけて小籠包にのせて食べるとほどよい味付けになります。

キムチ&ごはんもサンチュで巻くのが韓国式！

サムギョプサル

鉄板で豪快に焼いた豚バラ肉を野菜に巻いて食べる「サムギョプサル」。日本でも人気が高い韓国料理のひとつです。韓国カルチャーの聖地、東京・新大久保の「熟成肉専門店 ヨプの王豚塩焼」でちょっとディープな本場サムギョプサルの食べ方を聞いてきました！

1 豚バラ肉を切る

鉄板上の豚バラ肉にしっかり火が通ったら、ほとんどのお店では店員さんが調理用ハサミでひと口サイズに切り分けてくれます。表面が同じ色になるまで、焦らずじっくり焼き上げるのがポイント。このときにキムチとニンニクを同時に焼くのが韓国スタイルです。

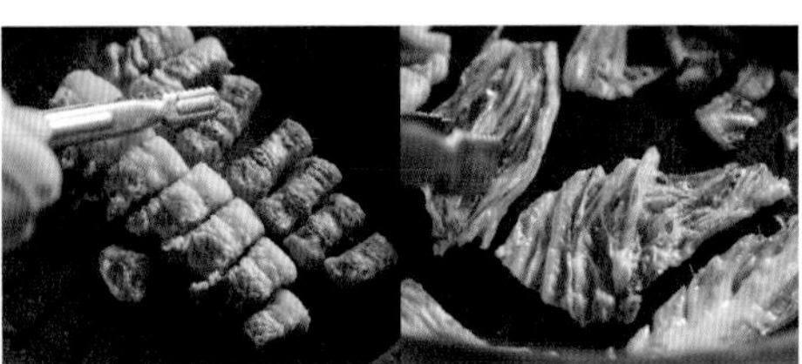

2 豚バラ肉に味をつける

味付けはお好みですが、「ヨプの王豚塩焼」で使用しているのは熟成肉ということで、シンプルな塩で味わいます。辛いのが好みの人は、コチュジャンをたっぷりつけましょう。ほかにもごま油をつけるケースもあります。

3　サンチュに具材をのせる

手のひらにサンチュを広げて肉を置きましょう。肉への味付けはサンチュにのせた後でもOK。具材はなるべく中央に、平らなものからのせていくと安定してこぼれにくいです。サンチュで包む食材として、酢漬け大根、ネギ・大根・玉ネギの漬物、キムチなど。お店によっては、エゴマの葉なども出てきます。韓国では、卓上にある食材はすべて使うそうです！

4　巻くときは包み込むように

好きな具材をのせたら、サンチュを巻きます。食べやすいサイズを意識して、具材をやさしく包み込むように巻くことがポイント。葉を折りたたむようにすると巻きやすく、食べるときに具材もこぼれにくいです。巻き終わったら、口を大きく開けてパクッといただきましょう。

5　多彩なアレンジを楽しむ

豚バラ肉と野菜を組み合わせて、多様な味を楽しめるのがサムギョプサルのいいところ。ごはんをオーダーして、一緒に巻いちゃうのも定番です。ほかにもセットに付いてくるチョレギサラダや、トッポギ、チゲスープの具材をサンチュで巻いて食べるのもありです。

本場韓国で人気の行者ニンニクを肉に巻いて食べるのもおすすめ！　歯切れのいい食感と、独特な風味が合わさってクセになります。

ターリーは小皿を外して大皿にスペースをつくる

インドカレー

42

エスニック料理の食べ方

インド料理店に行くと、大きな銀皿に数種類のカレーが並べられているものを見たことがありますよね。これはインドの定食「ターリー」です。東京・麹町のインド料理専門店「アジャンタ」で、初体験でも困らないスマートな食べ方を教えてもらいましょう。

1 大皿にスペースをつくる

ターリーとは料理をのせる銀の大皿のこと。その上に数種類のカレーやライス、パンなどがのっています。まずは、快適にカレーを食べるために大皿の上を整えます。手始めにチャツネの小皿4つを大皿の外へ。外に出した小皿はテーブルの上に置いてOKです。

2 3種のパン

ターリーは真ん中にライスと、ワダ（左上）、プーリー（右上）、パパド（下）などと呼ばれるパンが並んでいるのが基本。ワダは豆と米を使った甘くないドーナツ。中はふんわり、外はカリッとしています。プーリーは全粒粉を薄くのばして揚げたパン。全粒粉を薄焼きにしたチャパティと呼ばれるパンがのっていることも。パパドはレンズ豆を使ったチップス。パラパラと崩してライスにかけて、アクセントに。

3 チャツネとカレー

ターリーに欠かせない色とりどりの小皿。それぞれどのような料理なのでしょうか。

チャツネ4種｜野菜や果物などに香辛料を加え、煮込んでペースト状にしたもの。口の中を和ませるために、カレーを食べる合間に食べたり、パンをディップして食べるのが定番です。手前から時計回りにミントとコリアンダー、タマリンド、セモリナ、トマトのチャツネ。

ラッサム｜ニンニクとトマトを使った、辛くて少し酸味のあるスープ。

サンバー｜レンズ豆と野菜を煮込んだピリ辛のカレー。「サンバル」と呼ばれる場合も。

魚のカレー｜ごろっとした白身魚が入っています。

チキンカレー｜ココナッツの香りが口の中で広がる、まろやかで甘みのあるカレーです。

ポリヤル｜ミックスベジを炒め煮したものがポリヤル。これもカレーの一種です。

4 カレーをプーリーで包む

プーリーはひと口サイズにちぎって、汁気の少ないポリヤルあたりを包んで食べます。右手の指先でつまむ感じで。インドでは食事のときは基本右手だけを使います。これはヒンドゥー教で、左手は不浄とされているためです。

5 ライスにはスープ系をかける

汁気のあるカレーは、ライスにかけて食べるのが基本。盛られたライスを崩して広げ、カレーをスプーンで少しだけすくって、広げたライスに端からかけていただきます。

デザートのキール（ミルク粥）は途中に挟むのもありです。甘さがカレーの辛さを和らげてくれます。

エスニック料理の食べ方

43

スープカレー

ライスをスープに浸すのが正解だった!?

スープカレーはスパイスが効いたカレースープに、色とりどりの肉や野菜が並んだ北海道の名物料理です。特徴は具材一つひとつのサイズが大きいことと、ライスが別皿で運ばれてくること。通常のカレーライスとは違う、スープカレー独自の食べ方を専門店「GARAKU」に聞いてきました。

1 まずはスープをひと口！

料理が運ばれてきたら、まずはスープそのままの味を堪能しましょう。鼻から抜けるスパイスの香りやサラサラしたスープの舌触り、辛さの表情など、お店のこだわりが詰まったひと口を味わいます。

2 ライスはやさしくスープに浸す

スープにライスを浸して食べるのがスープカレーの作法だそうです。スプーンですくうライスは、ひと口サイズを意識するのがポイント。ライスをやさしくスープに浸したら、そのままひと口で食べましょう。欲張ってライスをスプーン大盛りにすると、スープの中でライスが崩れてしまうので要注意です。

3 具材はほぐして食べよう

ゴロゴロと具材が大きいのは、肉と野菜の生産量が多い北海道発祥の料理ならでは。簡単にほぐせるほどやわらかいので、食べやすい大きさにしてからいただきましょう。

具材の主役とも言えるチキンレッグは、驚くほど簡単にほぐせます。スプーンとフォークを両手で使って、骨に沿ってゆっくりほぐせばOK。骨を持ってかぶりつく必要はありません。具材はライスと交互に食べ進めるのが基本だそうです。

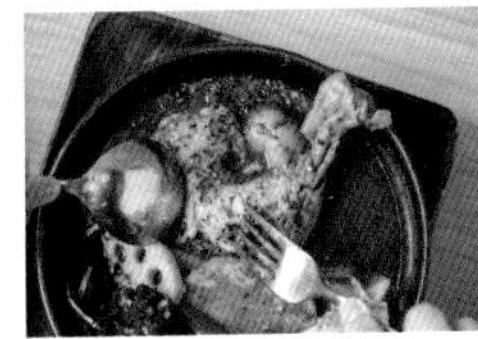

4 スパイスで味変も!

ライスに添えられたレモンは、爽やかな風味を与えてくれます。ただし、スパイスの風味を壊してしまうので、スープにかけるのは避けましょう。途中でスパイスを追加するのが上級者の作法。スープの辛さがさらに高まり、コクも増します。食べ進める途中で刺激に物足りなさを感じたら試してみましょう。

5 全部一緒にクライマックス!

味変を大いに楽しんだら、最後、残ったライスをすべてスープに投入!

ライスにスープをほどよく染み込ませたら、あとは残りの肉や野菜と一緒にいただきます。スープとライス、具材から溢れだすスパイスのうま味を最後まで思う存分味わいましょう。

右手にスプーン、左手にフォークがタイ流

カオマンガイ

エスニック料理の食べ方

44

カオマンガイは、ふっくらとやわらかくゆでた鶏肉を、鶏出汁のスープで炊いたジャスミンライスにのせ、特製の甘辛ソースをかけていただきます。「渋谷カオマンガイ」で、本場タイ流のカオマンガイの食べ方を教えてもらいました。

1 ソースをかける

カオマンガイをオーダーすると鶏出汁のスープ、お口直しの野菜もセットで出てきます。
最初に、タイの味噌や醤油、ニンニク、塩、しょうがなどを混ぜ合わせた特製の甘辛ソースを鶏肉全体にかけましょう。

2 スプーンとフォークを使う

スプーンとフォークを使って食事をするのがタイの文化。利き手にスプーンを持ち、もう片方の手にフォークを持ちます。

3 パクチーで味変

タイ料理に欠かせないパクチーは、もちろんカオマンガイとの相性も○。好みの量を取って、鶏肉にのせて、味変を楽しみましょう。

4 青唐辛子に挑戦！

辛さを足したいときはカットされた唐辛子1、2個を鶏肉にのせて食べましょう。少しの量でしっかりと辛いので、のせすぎないように気を付けて！

鶏肉をゆでたときにできるチキンスープは、鶏のうま味をたっぷりと堪能できます。

45 バインミー

オーダーは自由自在なのがベトナム式

エスニック料理の食べ方

バインミーはフランスパンに焼豚、レバーパテ、野菜類などを挟んだベトナム風サンドイッチです。東京・高円寺のベトナム料理屋台専門店「チョップスティックス」で、現地方式のバインミーの食べ方を聞いてきました！

1 バインミーの具材を知る

バインミーは、豚肉や鶏肉、オムレツ、野菜類を挟んで、チリソースをかけて提供するスタイルが基本。「チョップスティックス」では、基本の具材として、キュウリ、パクチー（コリアンダー）、なます、バター、チリソースがあり、そのうえでオムレツ、レバーパテ、ティットヌン（ベトナム焼豚）、ベトナムハムから好みの具材を選びます。

2 オーダーをアレンジ

ベトナム現地ルールを踏襲し、「チョップスティックス」では、個別のオーダーに対して柔軟に対応してくれます。例えば、パクチー増量（追加料金）、なます抜き、チリソース増量などなど。定型にとらわれず、自分好みにオーダーするのがバインミーの食べ方の基本です。

3 半分にカットしてもらう

日本で売られているバインミーはかなり大きめのサイズが多く、食べきれないケースも多いとか。そんなときは、店員さんに頼んで、半分にカットしてもらいましょう。こうすることで、具材が安定して食べやすくなります。食べきれない場合は、半分をきれいなまま残して、テイクアウトすることも可能です。

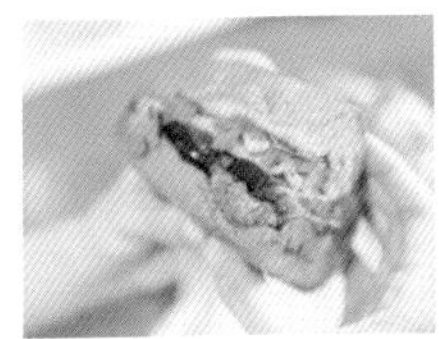

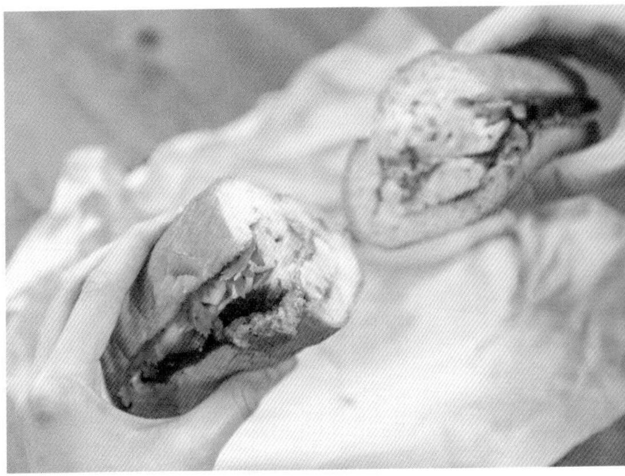

4 まずはそのまま

サンドイッチというシンプルな食べものだけに、あとはかぶりつくのみです。豪快にかじりついちゃいましょう。口に入らない場合は、ちょっとつぶしてもOKです。チリソースやレバーパテのうま味がフランスパンに染み込んで、ちょうどいいかも。

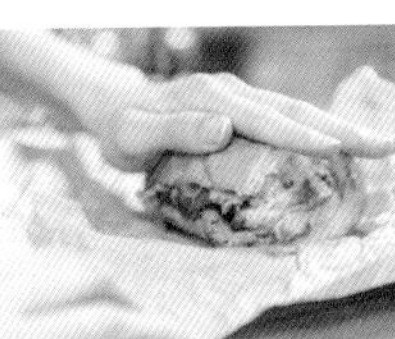

5 お好みでパクチーを増量

「チョップスティックス」では、パクチーを大盛りにしてもらうこともできます（追加料金）。エスニック気分をより味わいたい人は、トライしてみてもいいかもしれません。

コラム

ミルクココアの飲み方

牛乳に溶かして簡単においしく飲めるミルクココアにひと工夫加えると、もっと奥深く味わえることを知っていましたか？ 森永製菓直伝の飲み方がこちら！

1 ミルクココアを飲む前にひと工夫

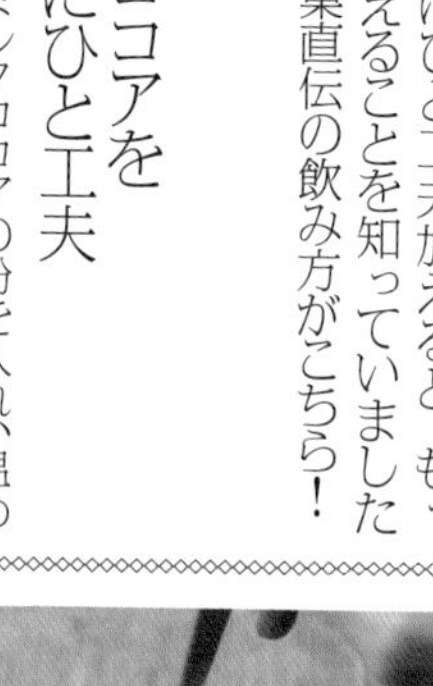

マグカップにミルクココアの粉を入れ、温めた牛乳をティースプーン2～3杯ほど加えます。あとはしっかり練っていくのみ。練ることで、ミルクココアがのりのように粘り気のある状態（アルファ化）になり、口当たりがなめらかで、コクが増すのです。ペースト状になるまで練ったら、残りの牛乳を入れて混ぜ混ぜ、混ぜ混ぜ。序盤は練ったミルクココアで少し抵抗感があり、それを感じなくなれば飲み頃です！

2 おろしショウガでピリッとアクセントを

森永製菓の担当さんのおすすめがもうひとつ。それは、「おろししょうが」を入れること！ チューブタイプのものでOKです。ミルクココアにおろししょうがを小さじ2分の1ほど加えて、よく混ぜるだけで完成。ミルクココアの甘さに、おろししょうがのピリッとしたスパイシー感がたまらない味わいになりました。後味がすっきりとしているので、仕事や勉強の休憩中に飲むにもおすすめですよ。

スイーツの食べ方

COURSE 4

京都で教わる茶室の作法

抹茶

スイーツの食べ方

46

日本に抹茶が広まったのは鎌倉時代。「茶を楽しむ」という文化は何百年と日本人の生活に息づいてきました。抹茶との向き合い方を「福寿園 京都本店」で教えてもらい、実際に茶室体験をしてきました。

1 茶道を楽しむ心得

茶道では「用意された空間をすべて楽しむこと」が大切です。お茶とともに季節の花や掛け軸が飾られた茶室を目で楽しみ、今日という特別な日に感謝します。亭主と客が互いを思いやり、茶室の雰囲気を清浄に保つ「和敬清寂（わけいせいじゃく）」という言葉も重要。この気持ちがつながったとき、心から茶道を楽しいと感じることができるそうです。

2 和菓子を先にいただく

茶会の亭主が客に抹茶を点ててくれるので、作法や所作を確認し、一服しましょう。和菓子は、抹茶を飲む前に食べきります。先に和菓子を食べることで口の中に甘みが残り、より抹茶の苦味や深みを感じることができるそうです。

3 茶碗の持ち方

茶碗を持つときは、指を揃えた左手のひらの上に茶碗を置き、右手の指で支えます。手のひらにのせたまま、右手を使って茶碗の柄を避けるために時計回りに回します。抹茶は数回に分けていただきましょう。

4 飲み終えた後は

抹茶をすべて飲み終えたら、最後のひと口は短くスッと音を立てて吸いきります。これが「飲み終わりました」というサインです。飲み口を指で清め、茶碗の柄が自分側に向くように反時計回りに動かし、畳の縁外に茶碗を置きましょう。そして、両手を膝の前につき茶碗を拝見します。

5 抹茶の点て方

棗(なつめ)から茶杓(ちゃしゃく)で抹茶を2杓すくい、静かに茶碗に入れます。そして、柄杓(ひしゃく)で釜のお湯をとり、茶碗の約3分の1まで入れます。
茶筅(ちゃせん)を垂直に立てるように持ち、左手でしっかりと茶碗を押さえ、シャカシャカと音を立てるように抹茶を点てましょう。茶筅の先が茶碗の底に付かないように、手首以外の力は抜き、前後50回ほど振ります。きめ細かな泡をつくることができたら、まろやかな口当たりの抹茶がいただけるでしょう。

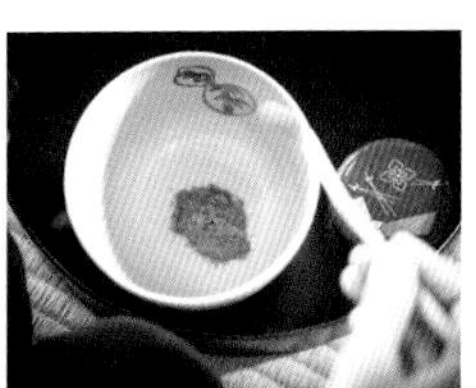

スイーツの食べ方

47

黒蜜がムラなく広がる裏ワザも！

桔梗信玄餅

山梨を代表する銘菓「桔梗信玄餅」。最近だと都内の主要駅や通販などで手軽に買うことができますね。食べるときは、小さな容器に入ったお餅に黒蜜をムラなくかけるのにちょっとしたコツが必要です。意外と知らない桔梗信玄餅の食べ方を2通りご紹介します。

1 基本の食べ方

1. 包みを開ける

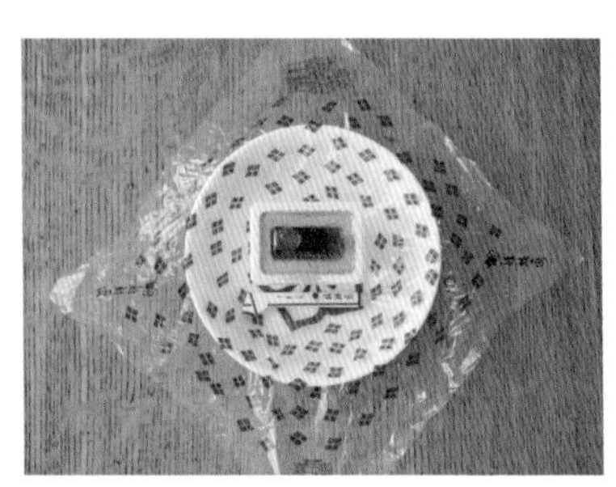

パンフレットでも紹介されている基本の食べ方から見ていきます。まずは包みを開けましょう。お餅が入った容器と黒蜜のほかに楊枝が入っています。そして、容器の中蓋を取り外します。

2. お餅を楊枝で持ち上げる

楊枝を使い、3切れ入っているお餅のひと切れを持ち上げます。

3. 黒蜜をかけて混ぜる

お餅を持ち上げたところに黒蜜を流し込みます。きな粉と黒蜜をよく混ぜて、食べましょう。

2 番外編

1. 中身を出して、黒蜜をかける

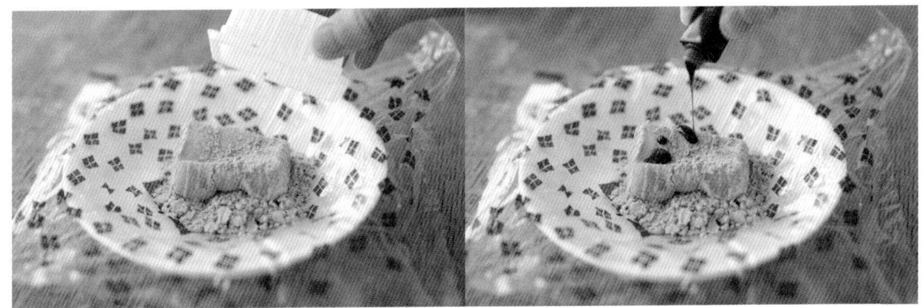

包みを開いて皿などに広げて置き、中蓋を取り、容器を逆さまにひっくり返します。中身を大胆に全部出しちゃいましょう。そして、お餅に黒蜜をかけます。

2. もみ込む

包みの四隅を持って持ち上げ、お餅と黒蜜がまんべんなく混ざるようにもみ込みます。よくもみ込んだら、包みを広げ、楊枝を使っていただきましょう。こうすれば、黒蜜ときな粉をムダなく食べることができますよ。

小皿で1枚ごとに別世界をアレンジ！

パンケーキ 48

目を見開いてしまうほど高く盛られたホイップクリームとふわふわしっとりなパンケーキ！　思わずうっとりしてしまいますが、「これ、どう食べる?」ってなった人は少なくないはず。ひとりでも、誰かとシェアするときも、きっと役に立つパンケーキの食べ方を「Eggs'n Things」に聞いてきました！

1　1枚を別皿に移す

まずはパンケーキを1枚引きぬいて別皿に移しましょう。フォークとナイフでやさしく挟みながら、手前の皿にスーッと動かしてください。ホイップクリームが多少崩れてしまいますが、そこは気にせずに。

2　クリームとフルーツを盛り付ける

パンケーキの熱によってホイップクリームが溶けて形が崩れてしまう前に、フォークを使って食べたい量をすくいましょう。イチゴなどのフルーツも一緒に盛り付けます。パンケーキ1枚ごとにクリームやフルーツで飾り立てましょう。

3 まずはメープルシロップから

そのまま食べてもOKですが、好みのシロップをかければ味の表情がガラッと変わります。まずは王道のメープルシロップから。やっぱり、見た目もキュートな状態で食べたいですよね！

4 トッピングをのせてパクッ

食べるときはフォークとナイフを使ってひと口サイズに。クリームやフルーツをトッピングのようにちょこっとのせて、一緒に食べましょう。

5 味変を楽しむ

「Eggs'n Things」では、写真左からグァバ、ココナッツ、メープルの3種類のシロップがありました。グァバとココナッツはハワイの定番シロップで、甘みと香りが絶妙にマッチ。お皿1枚ごとに違う世界観を確立させて、シェアするのもおすすめです。

フルーツや飾りを別皿に移して切り分ける

バースデーケーキ

スイーツの食べ方 49

バースデーケーキを切り分けるとき、上手にできるか緊張しますよね。「銀座コージーコーナー」にケーキを等分するときのコツやテクニックを教えてもらいました。ほんの少しの工夫をするだけできっと美しい1ピースケーキを用意できますよ！

1 まずはお祝いしよう

箱からケーキを出すとき、しっかり折り目をつけながらフタを開け、片方の手で軽く押さえます。もう片方の手でケーキのトレイを少し持ち上げ、そのままスーッと手前に引き出せば、きれいな状態のケーキが出てきます。

2 フルーツや飾りは別皿

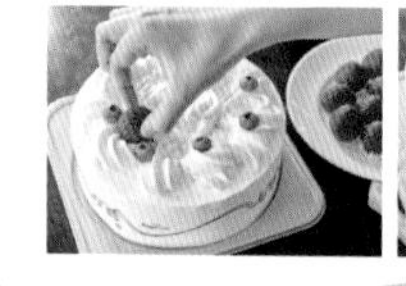

切り分ける前に、上にのったフルーツやチョコプレートは別皿に取り置きます。フルーツは指でつまんで回転させながら、垂直に持ち上げると簡単です。ケーキ側面のサイドフィルムにシールが付いているときは、片方の手を添えると取りやすいです。サイドフィルムを持ったら、もう片方の手でトレイをゆっくり回転しながら外していきます。このときサイドフィルムを持った手はやや斜めに傾けるのがポイント！

3 ナイフを温める

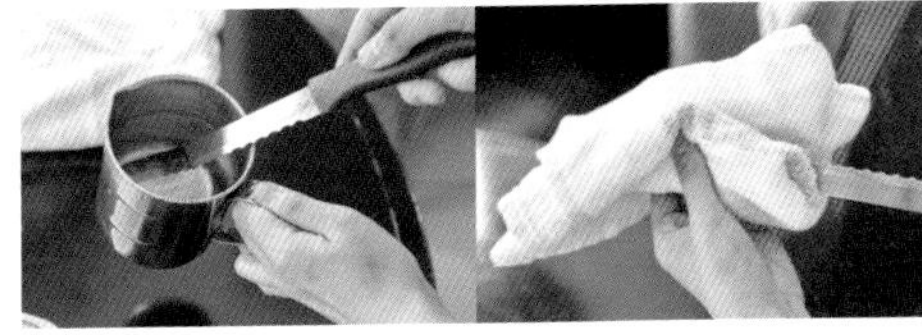

ナイフは波刃の薄めのものを使うと◎。ナイフの刃が浸る容器に60℃程度のお湯を用意し、切り分ける前にそこでナイフを温めたら、タオルで水気をとります。こうすることで刃に触れたクリームがほどよく溶け、ケーキをスムーズに分けられます。

4 5等分にカット

5等分にするときは、まず折り紙で星をつくり、中心を合わせてケーキの上に重ね、角の位置に合わせてケーキの端にナイフで5つ目印を付けます。家に星形のクッキー型がある人は、それを使うのもおすすめです。

ナイフの刃先をケーキの中心に合わせたら、ナイフの持ち手を上に、ケーキ上面に対して斜め35°を意識して構えます。そのまま垂直に下ろしてカット、底面まで行ったら手前にスッと引きます。

ナイフはカットするごとについたクリームをタオルで拭き取り、お湯で温めなおします。

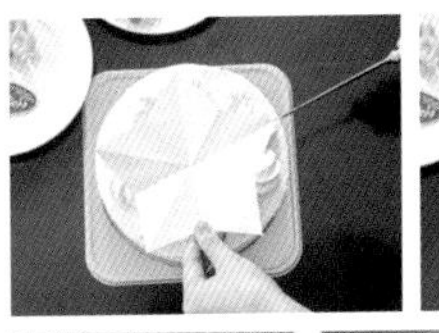

5 ナイフを持ち替えて移す

等分できたら、皿に移すために幅の広いナイフに持ち替えます。トレイの中心より手前側を軽く持ち上げると同時にケーキを少し押し上げるように構え、できた隙間にナイフをまっすぐ差し込みます。そのまま皿へケーキを移したら、フォークなどで押さえながらやさしくナイフを抜き取りましょう。

そして最後に別皿に取り分けたフルーツなどでデコレーションすれば大成功！

ミルフィーユ

横に倒してもマナー違反じゃない！

スイーツの食べ方

50

パリパリとしたパイ生地の間にたっぷりのクリームとフルーツが挟まった「ミルフィーユ」。でも、ナイフで切ろうとするとクリームが盛大にはみ出して大変なことに……なんて経験ありますよね。エレガントに美しくミルフィーユを食べる方法を老舗カフェ「銀座みゆき館」で聞いてきました。

1 横に倒す

ミルフィーユという名称は、「mille-feuille」もしくは「millefeuille」というフランス語に由来します。「千の葉」という意味があり、パイ生地とクリームを何層にも重ねたお菓子のことを指すんだそうです。

きれいに食べるコツは、ミルフィーユが立った状態で提供されても躊躇なく横に倒してしまうこと。立ったままのミルフィーユにナイフを入れると、クリームが横から出てきてしまい、せっかくのフォルムが崩れてしまいます。

2 左下からナイフを入れる

横に倒したら、ミルフィーユを上の層と下の層に分けて食べ進めましょう。下の層の左側から、ナイフでひと口サイズに切って食べていくのがスマートです。
さまざまなタイプのミルフィーユがありますが、何層かに分けて食べるのは共通。パイ生地を切るとき、ナイフを真上から入れるときれいに切ることができますよ！

カットしたミルフィーユはフォークで刺し、落ちないように慎重に口まで運びましょう。パイ生地とクリームの一体感が損なわれずに味わえるのは、この食べ方ならではです。

3 下の層から上の層へ

下の層を食べ終えたら、上の層に移りましょう。ひと口サイズに切ってゆっくりと。横に倒してOKと知っておくだけで、きれいに食べられますよ。

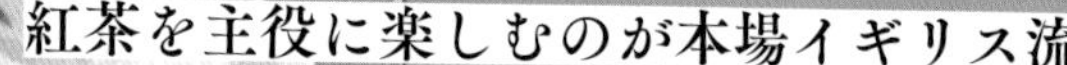

紅茶を主役に楽しむのが本場イギリス流

アフタヌーンティー 51

スイーツの食べ方

3段重ねのティースタンドに色とりどりのスイーツが並ぶアフタヌーンティー。いつもより少し上品な雰囲気に礼儀や作法で戸惑ったことがある人も多いのでは？　そんなアフタヌーンティーの楽しみ方について、あのイギリス王室御用達の「FORTNUM & MASON」で聞いてきました！

1 紅茶を選ぶ

アフタヌーンティーの主役は紅茶。「FORTNUM & MASON」では、ひとりにつき1ポットの紅茶が提供されます。定番はコクと苦味があって、ミルクとよく合う「ロイヤルブレンド」。イギリス本店でアールグレイといえばこの紅茶だけを提供していたという、燻製の香りが漂う「スモーキーアールグレイ」も人気です。

2 紅茶をとことん味わう

まずは、運ばれてすぐの熱いうちに最初の1杯を飲んでみてください。茶葉の味を一番強く感じられます。ティーストレーナー（茶こし）をカップに取り付けて、そこから紅茶を注ぎましょう。注いだ瞬間にフワッと香る紅茶の香りも、味の一部として楽しんでください。

3 お湯を入れて濃さを調整

ポットの紅茶は時間が経つと、味が濃くなってしまいます。そんなときは、お湯をポットに注ぎましょう。
カップにミルクを入れてから紅茶を注ぐことを「ミルクインファースト」、後からミルクを入れることを「ミルクインアフター」といいます。前者はまろやかで濃厚に、後者はさっぱりとした味の仕上がりになるそうです。

4 基本のメニューと食べる順番

3段重ねのティースタンドには、下段にサンドイッチなどのセイヴォリー、中段にスコーン、上段にケーキなどの焼菓子がのっています。食べる順番は基本「下から上」。昔は上段から下段を行き来していると、食べ終わっていないとみなされ次から次へと食べ物が追加されてしまったのだそう。最近ではこのスタイルにこだわらない店が多いので、気にしなくてもOKです。「FORTNUM & MASON」では、注文時に好きなケーキを2種類選ぶことができます。

5 伝統的なスコーンの食べ方

スコーンを食べる際は、手を使って割れ目から上下に分割にします。生地が硬い場合は、ナイフを使って半分にしましょう。スコーンはジャムとクロテッドクリームで食べるのが定番。スプーンでひと口分をちょこんとのせていただきます。

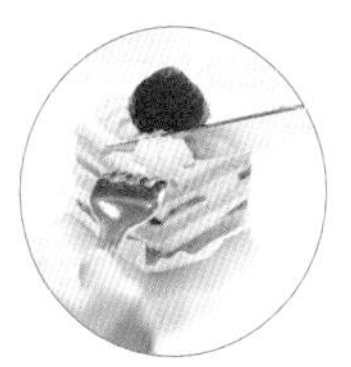

ケーキはナイフとフォークを使い、ひと口サイズにしてきれいに食べられるといいですね。

取材協力店舗一覧 Special Thanks !

【あ】

赤坂珉珉　→P82　オガサワラガク

アジャンタ　→P120　インドカレー

アンティーカ ピッツェリア ダ ミケーレ　→P98　イタリアンピッツァ

Eggs'n Things　→P94　エッグベネディクト、P134　パンケーキ

【か】

GARAKU　→P122　スープカレー

カレーうどん 千吉　→P40　カレーうどん

桔梗信玄餅　→P132　桔梗信玄餅

餃子百珍 一味玲玲　→P116　小籠包

銀座コージーコーナー　→P136　バースデーケーキ

銀座みゆき館　→P138　ミルフィーユ

ケンタッキーフライドチキン　→P102　ケンタッキーフライドチキン

香福味坊（こうふくあじぼう）　→P114　ガチ中華

駒八　→P22　サンマの塩焼き

【さ】

最北の海鮮市場　→P24　ズワイガニ

渋谷カオマンガイ　→P124　カオマンガイ

じゃじゃおいけん　→P38　じゃじゃ麺

しゃぶしゃぶと日本料理の木曽路　→P50　しゃぶしゃぶ

熟成肉専門店 ヨプの王豚塩焼　→P118　サムギョプサル

鮨くらみ　→P8　カウンター寿司

SPICY CURRY 魯珈　→P80　齋藤絵理

炭火串焼 鶏ジロー　→P60　やきとり

世界の山ちゃん　→P58　手羽先唐揚げ

【た】

中国茶房8　→P110　北京ダック

中国火鍋専門店 小肥羊（しゃおふぇいやん）　→P112　中国火鍋

チョップスティックス　→P126　バインミー

チリンギート エスクリバ　→P100　パエリア

築地虎杖 うに虎　→P12　海鮮丼

月島名物もんじゃ だるま　→P62　もんじゃ焼き

INDEX

S T A F F

編　　集	丸茂アンテナ、内田洋介、上田朱莉、武藤美稀、 上垣内舜介、高須未来、上石 薫（minimal）
写　　真	石垣星児、木村雅章、是枝右恭、白井裕介、 シロタコウジ、中田浩資、幡原裕治、前田 立
カバー・フォーマット デザイン	岸田紘之（temporary）

専門店で聞いた　本当においしい食べ方

2023年6月21日　第1刷

著　者	goodie foodie 編集部
発行人	山田有司
発行所	株式会社　彩図社 東京都豊島区南大塚3-24-4 MTビル　〒170-0005 TEL:03-5985-8213 FAX:03-5985-8224
印刷所	シナノ印刷株式会社
URL	https://www.saiz.co.jp
Twitter	https://twitter.com/saiz_sha

 ISBN978-4-8013-0665-3 C0077